Smakrik Spanien
En Resa genom Det Spanska Kökets Södra Charm

Alejandro Torres

INNEHÅLLSFÖRTECKNING

PÄRON I CHOKLAD MED PEPPAR 26
    INGREDIENSER 26
    UTVECKLING 26
    LURA 26

TRE CHOKLADTÅRTA MED KEX 27
    INGREDIENSER 27
    UTVECKLING 27
    LURA 28

SCHWEIZISK MARÄNG 29
    INGREDIENSER 29
    UTVECKLING 29
    LURA 29

HASSELNÖTSKRAPER MED BANANER 30
    INGREDIENSER 30
    UTVECKLING 30
    LURA 31

CITRONTÄRTA MED CHOKLADBAS 32
    INGREDIENSER 32
    UTVECKLING 32
    LURA 33

TIRAMISU 34
    INGREDIENSER 34
    UTVECKLING 34
    LURA 35

INTXAURSALSA (VALNÖTSKREAM) 36
    INGREDIENSER 36
    UTVECKLING 36
    LURA 36
SNACKMJÖLK 37
    INGREDIENSER 37
    UTVECKLING 37
    LURA 37
KATTTUNGAR 38
    INGREDIENSER 38
    UTVECKLING 38
    LURA 38
ORANGE CUPCAKES 38
    INGREDIENSER 39
    UTVECKLING 39
    LURA 39
PORTROSTADE ÄPPLEN 40
    INGREDIENSER 40
    UTVECKLING 40
    LURA 40
KOKT MARÄNG 41
    INGREDIENSER 41
    UTVECKLING 41
    LURA 41
TJOCK VANILJSÅS 42
    INGREDIENSER 42

UTVECKLING 42

LURA 42

PANNA COTTA MED VIOLTTGODIS 42

    INGREDIENSER 43

    UTVECKLING 43

    LURA 43

CITRUS KEXAR 44

    INGREDIENSER 44

    UTVECKLING 44

    LURA 45

MANGOPASTA 46

    INGREDIENSER 46

    UTVECKLING 46

    LURA 46

YOGHURTKAKA 47

    INGREDIENSER 47

    UTVECKLING 47

    LURA 47

BANANKOMPOTTE MED ROSmarin 48

    INGREDIENSER 48

    UTVECKLING 48

    LURA 48

CREME BRULEE 49

    INGREDIENSER 49

    UTVECKLING 49

    LURA 49

SCHWEIZISK ARM STAPPAD MED KRÄM 50
    INGREDIENSER 50
    UTVECKLING 50
    LURA 50
ÄGGFLAN 51
    INGREDIENSER 51
    UTVECKLING 51
    LURA 51
CAVA JELLY MED JORDGUBBAR 52
    INGREDIENSER 52
    UTVECKLING 52
    LURA 52
FRITTER 53
    INGREDIENSER 53
    UTVECKLING 53
    LURA 53
SAN JUAN COCA 54
    INGREDIENSER 54
    UTVECKLING 54
BOLOGNESESÅS 55
    INGREDIENSER 55
    UTVECKLING 55
    LURA 56
VIT BULJONG (KYCKLING ELLER NÖT) 57
    INGREDIENSER 57
    UTVECKLING 57

LURA 57
CONCASSÉ TOMAT 59
    INGREDIENSER 59
    UTVECKLING 59
    LURA 59
ROBERT SÅS 60
    INGREDIENSER 60
    UTVECKLING 60
    LURA 60
ROSA SÅS 61
    INGREDIENSER 61
    UTVECKLING 61
    LURA 61
FISKBESTÅND 62
    INGREDIENSER 62
    UTVECKLING 62
    LURA 62
TYSK SÅS 63
    INGREDIENSER 63
    UTVECKLING 63
    LURA 63
MODIG SÅS 64
    INGREDIENSER 64
    UTVECKLING 64
    LURA 65
MÖRK BULJONG (KYCKLING ELLER NÖTKÖTT) 66

INGREDIENSER 66
UTVECKLING 66
LURA 67
MOJO PICÓN 68
INGREDIENSER 68
UTVECKLING 68
LURA 68
PESTO SÅS 69
INGREDIENSER 69
UTVECKLING 69
LURA 69
SÖTSUR SÅS 70
INGREDIENSER 70
UTVECKLING 70
LURA 70
GRÖN MOJITO 71
INGREDIENSER 71
UTVECKLING 71
LURA 71
BESSAMEL-SÅS 72
INGREDIENSER 72
UTVECKLING 72
LURA 72
JÄGARSÅS 73
INGREDIENSER 73
UTVECKLING 73

- LURA 73
- AIOLI-SÅS 74
  - INGREDIENSER 74
  - UTVECKLING 74
  - LURA 74
- AMERIKANSK SÅS 75
  - INGREDIENSER 75
  - UTVECKLING 75
  - LURA 76
- AURORA-SÅS 77
  - INGREDIENSER 77
  - UTVECKLING 77
  - LURA 77
- GRILLSÅS 78
  - INGREDIENSER 78
  - UTVECKLING 78
  - LURA 79
- BEARNAISE-SÅS 80
  - INGREDIENSER 80
  - UTVECKLING 80
  - LURA 80
- CARBONARA-SÅS 81
  - INGREDIENSER 81
  - UTVECKLING 81
  - LURA 81
- LÄCKLIG SÅS 82

INGREDIENSER ... 82
UTVECKLING ... 82
LURA ... 82
CUMBERLANDSÅS ... 83
INGREDIENSER ... 83
UTVECKLING ... 83
LURA ... 84
CURRYSÅS ... 85
INGREDIENSER ... 85
UTVECKLING ... 85
LURA ... 86
VITLÖKSSÅS ... 87
INGREDIENSER ... 87
UTVECKLING ... 87
LURA ... 87
BJÖRNBÄRSSÅS ... 88
INGREDIENSER ... 88
UTVECKLING ... 88
LURA ... 88
CIDERSÅS ... 89
INGREDIENSER ... 89
UTVECKLING ... 89
LURA ... 89
KETCHUP ... 90
INGREDIENSER ... 90
UTVECKLING ... 90

LURA 91
PEDRO XIMENEZ VINSÅS 92
    INGREDIENSER 92
    UTVECKLING 92
    LURA 92
KRÄMSÅS 93
    INGREDIENSER 93
    UTVECKLING 93
    LURA 93
MAJONNÄSSÅS 94
    INGREDIENSER 94
    UTVECKLING 94
    LURA 94
YOGHURT OCH DILLSÅS 95
    INGREDIENSER 95
    UTVECKLING 95
    LURA 95
DJÄVELSÅS 96
    INGREDIENSER 96
    UTVECKLING 96
    LURA 96
SPANSK SÅS 97
    INGREDIENSER 97
    UTVECKLING 97
    LURA 97
HOLLANDSISK SÅS 98

INGREDIENSER..98

UTVECKLING...98

LURA...98

ITALIENSK DRESSING..99

INGREDIENSER..99

UTVECKLING...99

LURA...99

MOUSSELINSÅS..101

INGREDIENSER..101

UTVECKLING...101

LURA...101

REMOULADSÅS...102

INGREDIENSER..102

UTVECKLING...102

LURA...102

BIZCAINE-SÅS..103

INGREDIENSER..103

UTVECKLING...103

LURA...103

BLÄCKSÅS..104

INGREDIENSER..104

UTVECKLING...104

LURA...104

MORGONSÅS..105

INGREDIENSER..105

UTVECKLING...105

LURA 105
ROMESCO SÅS 106
    INGREDIENSER 106
    UTVECKLING 106
    LURA 107
SOUBISE-SÅS 108
    INGREDIENSER 108
    UTVECKLING 108
    LURA 108
TARTAR SÅS 109
    INGREDIENSER 109
    UTVECKLING 109
    LURA 109
TOFFESÅS 110
    INGREDIENSER 110
    UTVECKLING 110
    LURA 110
GRÖNSAKESOPPA 111
    INGREDIENSER 111
    UTVECKLING 111
    LURA 111
VELOUTSÅS 112
    INGREDIENSER 112
    UTVECKLING 112
    LURA 112
SALSA VINAIGRETTE 113

INGREDIENSER 113
UTVECKLING 113
LURA 113
RÖDA FRUKTER I SÖTT VIN MED MINTA 114
    INGREDIENSER 114
    UTVECKLING 114
    LURA 114
    LURA 115
KYCKLINGTRUMMOR MED WHISKY 116
    INGREDIENSER 116
    UTVECKLING 116
    LURA 116
ROSTAD ANKA 116
    INGREDIENSER 117
    UTVECKLING 117
    LURA 117
VILLAROY KYCKLINGBRÖST 119
    INGREDIENSER 119
    UTVECKLING 119
    LURA 120
KYCKLINGBRÖST MED SENAP OCH CITRONSÅS 121
    INGREDIENSER 121
    UTVECKLING 121
    LURA 122
ROSTAD GAUNETTE MED PLOMMEN OCH SVAMP 123
    INGREDIENSER 123

UTVECKLING 123

LURA 124

VILLAROY KYCKLINGBRÖST SPOPPAD MED KARAMELISERADE PIQUILLOS MED VÄTTA AV MODENA 125

    INGREDIENSER 125

    UTVECKLING 125

    LURA 126

KYCKLINGBRÖST SPOPPDA MED BACON, SVAMP OCH OST 127

    INGREDIENSER 127

    UTVECKLING 127

    LURA 128

SÖT VINKYCKLING MED PLOOMMOON 129

    INGREDIENSER 129

    UTVECKLING 129

    LURA 130

ORANGE KYCKLINGBRÖST MED CASHEWNÖTTER 131

    INGREDIENSER 131

    UTVECKLING 131

    LURA 131

PICKAD RAPFRÅN 132

    INGREDIENSER 132

    UTVECKLING 132

    LURA 132

CACCIATOR KYCKLING 133

    INGREDIENSER 133

    UTVECKLING 133

LURA 134
Kycklingvingar i COCA COLA-STIL 135
    INGREDIENSER 135
    UTVECKLING 135
    LURA 135
VITLÖKSKYCKLING 136
    INGREDIENSER 136
    UTVECKLING 136
    LURA 137
KYCKLING AL CHILINDRON 138
    INGREDIENSER 138
    UTVECKLING 138
    LURA 139
PILADE KVÄLLER OCH RÖDA FRUKTER 140
    INGREDIENSER 140
    UTVECKLING 140
    LURA 141
CITRONKYCKLING 142
    INGREDIENSER 142
    UTVECKLING 142
    LURA 143
SAN JACOBO KYCKLING MED SERRANO SKINKA, TORTA DEL CASAR OCH ARUCULA 144
    INGREDIENSER 144
    UTVECKLING 144
    LURA 144

BAKAD KYCKLINGCURRY 145

    INGREDIENSER 145

    UTVECKLING 145

    LURA 145

KYCKLING I RÖTT VIN 146

    INGREDIENSER 146

    UTVECKLING 146

    LURA 147

ROSTAD KYCKLING MED SVART ÖL 148

    INGREDIENSER 148

    UTVECKLING 148

    LURA 148

CHOKLADSÄP 150

    INGREDIENSER 150

    UTVECKLING 150

    LURA 151

ROSTADE KALKON KVARTER MED RÖD FRUKTSÅS 152

    INGREDIENSER 152

    UTVECKLING 152

    LURA 153

ROSTAD KYCKLING MED PERSIKKSÅS 154

    INGREDIENSER 154

    UTVECKLING 154

    LURA 155

KYCKLINGFILE SPPAD MED SPENAT OCH MOZZARELLA 156

    INGREDIENSER 156

UTVECKLING 156

LURA 156

ROSTAD KYCKLING I CAVA 157

INGREDIENSER 157

UTVECKLING 157

LURA 157

KYCKLINGSPYTT MED JORDNÖTSSÅS 158

INGREDIENSER 158

UTVECKLING 158

LURA 159

KYCKLING I PEPITORIA 160

INGREDIENSER 160

UTVECKLING 160

LURA 161

APELSINKYCKLING 162

INGREDIENSER 162

UTVECKLING 162

LURA 163

STUVADE KYCKLING MED BOLETUS 164

INGREDIENSER 164

UTVECKLING 164

LURA 165

STRÅD KYCKLING MED NÖTTER OCH SOJA 166

INGREDIENSER 166

UTVECKLING 166

LURA 167

CHOKLADKYCKLING MED ROSTADE ALMEDRAS 168
    INGREDIENSER 168
    UTVECKLING 168
    LURA 169
LAMMERSPYTT MED PAPRIKA OCH SENAPSVINAIGRETT 170
    INGREDIENSER 170
    UTVECKLING 170
    LURA 171
FYLLD KALVFÄNOR MED PORT 172
    INGREDIENSER 172
    UTVECKLING 172
    LURA 173
KÖTTBULLAR TILL MADRILEÑA 174
    INGREDIENSER 174
    UTVECKLING 175
    LURA 175
BÖTTKINDER MED CHOKLAD 176
    INGREDIENSER 176
    UTVECKLING 176
    LURA 177
PAJ AV GRISCONFIT MED SÖT VINSÅS 178
    INGREDIENSER 178
    UTVECKLING 178
    LURA 179
KANIN TILL MARC 180
    INGREDIENSER 180

UTVECKLING 180

LURA 181

KÖTTBULLAR I PEPITORIA HASSELNÖTSSÅS 182

    INGREDIENSER 182

    UTVECKLING 183

    LURA 183

KALVKÖTT SCALOPINER MED SVART ÖL 184

    INGREDIENSER 184

    UTVECKLING 184

    LURA 185

TRIPES A LA MADRILEÑA 186

    INGREDIENSER 186

    UTVECKLING 186

    LURA 187

ROSTAD FISKLICK MED ÄPPEL OCH MYNTA 188

    INGREDIENSER 188

    UTVECKLING 188

    LURA 189

KYCKLINGKÖTTBULLAR MED HALLONSÅS 190

    INGREDIENSER 190

    UTVECKLING 191

    LURA 191

LAMM GRYTA 192

    INGREDIENSER 192

    UTVECKLING 192

    LURA 193

HARE CIVET 194

    INGREDIENSER 194

    UTVECKLING 194

    LURA 195

KANIN MED PIPERRADA 196

    INGREDIENSER 196

    UTVECKLING 196

    LURA 196

KYCKLINGKÖTTBULLAR SPPDADE MED OST MED CURRRYSÅS 197

    INGREDIENSER 197

    UTVECKLING 198

    LURA 198

FLÄSKINDER I RÖTT VIN 199

    INGREDIENSER 199

    UTVECKLING 199

    LURA 200

FLÄSKSILKE NAVARRE 201

    INGREDIENSER 201

    UTVECKLING 201

    LURA 201

GRUTAT NÖTKÖT MED JORDNÖTSSÅS 202

    INGREDIENSER 202

    UTVECKLING 202

    LURA 203

Stekt GRIS 204

INGREDIENSER 204

UTVECKLING 204

LURA 204

ROSTAD KNOG MED KÅL 205

    INGREDIENSER 205

    UTVECKLING 205

    LURA 205

KANIN CACCIATOR 206

    INGREDIENSER 206

    UTVECKLING 206

    LURA 207

BÖTT ESCALOPE A LA MADRILEÑA 208

    INGREDIENSER 208

    UTVECKLING 208

    LURA 208

TUVADE KANIN MED SVAMP 209

    INGREDIENSER 209

    UTVECKLING 209

    LURA 210

IBERISK FLÄSKRIVBOR MED VITT VIN OCH HONING 211

    INGREDIENSER 211

    UTVECKLING 211

    LURA 211

PÄRON I CHOKLAD MED PEPPAR

INGREDIENSER

150 g choklad

85 g socker

½ liter mjölk

4 päron

1 kanelstång

10 pepparkorn

UTVECKLING

Skala päronen utan att ta bort stjälken. Koka dem i mjölken tillsammans med sockret, kanelstången och pepparkornen i 20 min.

Ta bort päronen, sila av mjölken och tillsätt chokladen. Låt det reducera utan att sluta röra tills det tjocknar. Servera päronen tillsammans med chokladsåsen.

LURA

När päronen är kokta, öppna på längden, kärna ur och fyll med mascarponeost med socker. Stäng igen och sås. utsökt.

TRE CHOKLADTÅRTA MED KEX

INGREDIENSER

150 g vit choklad

150 g mörk choklad

150 g mjölkchoklad

450 ml grädde

450 ml mjölk

4 matskedar smör

1 paket Mariakex

3 kuvert ostmassa

UTVECKLING

Krossa kexen och smält smöret. Knåda kakorna med smöret och gör tårtbotten i en löstagbar form. Låt vila i frysen i 20 min.

Värm under tiden i en behållare 150 g mjölk, 150 g grädde och 150 g av en av chokladen. Så fort det börjar koka, späd 1 påse ostmassa i ett glas med lite mjölk och tillsätt till blandningen i behållaren. Ta bort så fort den kokat igen.

Lägg den första chokladen på kakdegen och förvara i frysen i 20 min.

Gör samma sak igen med en annan choklad och lägg den ovanpå det första lagret. Och upprepa operationen med den tredje chokladen. Låt stelna i frysen eller kylen fram till servering.

LURA

Annan choklad kan användas, som mynta eller apelsin.

SCHWEIZISK MARÄNG

INGREDIENSER

250 g socker

4 äggvitor

en nypa salt

Några droppar citronsaft

UTVECKLING

Vispa äggvitorna med visp tills de har en hård konsistens. Tillsätt citronsaft, en nypa salt och socker, lite i taget och utan att sluta vispa.

När du har tillsatt sockret, vispa i ytterligare 3 minuter.

LURA

När de vita är hårda kallas det för topppunkt eller snöpunkt.

HASSELNÖTSKRAPER MED BANANER

INGREDIENSER

100g mjöl

25 g smör

25 g socker

1 ½ dl mjölk

8 matskedar hasselnötsgrädde

2 matskedar rom

1 msk florsocker

2 bananer

1 ägg

½ kuvert jäst

UTVECKLING

Vispa ägg, jäst, rom, mjöl, socker och mjölk. Låt vila i kylen i 30 min.

Hetta upp smöret på låg värme i en non-stick panna och bred ut ett tunt lager av degen över hela ytan. Vänd tills de är lätt gyllene.

Skala och skiva plantainerna. Bred ut 2 matskedar hasselnötsgrädde och ½ banan på varje crepe. Stäng i form av en näsduk och strö över florsocker.

LURA

Crepes kan göras i förväg. När de ska ätas är det bara att värma dem i en panna med lite smör på båda sidor.

CITRONTÄRTA MED CHOKLADBAS

INGREDIENSER

400 ml mjölk

300 g socker

250g mjöl

125 g smör

50 g kakao

50 g majsstärkelse

5 äggulor

Saften av 2 citroner

UTVECKLING

Blanda mjöl, smör, 100 g socker och kakao tills du får en sandig konsistens. Tillsätt sedan vatten tills du får en deg som inte fastnar på händerna. Klä en form, häll den här grädden och grädda i 170ºC i 20 minuter.

Å andra sidan, värm mjölken. Vispa under tiden äggulorna och resten av sockret tills det blir lätt blekt. Tillsätt sedan majsstärkelsen och blanda med mjölken. Värm under konstant omrörning tills den tjocknat. Tillsätt citronsaften och fortsätt röra.

Sätt ihop tårtan som fyller basen med grädden. Låt den vila i kylen i 3 timmar innan servering.

LURA

Tillsätt några myntablad till citronkrämen för att ge kakan en perfekt touch av fräschör.

TIRAMISU

INGREDIENSER

500 g mascarponeost

120g socker

1 paket ladyfingers kex

6 ägg

Amaretto (eller rostad rom)

1 stort glas med kaffe från kaffebryggaren (sötad efter smak)

kakao pulver

Salt

UTVECKLING

Separera vita och gulor. Vispa äggulorna och tillsätt hälften av sockret och mascarponeosten. Slå med omslutande rörelser och reservera. Vispa äggvitorna till topp (eller snö) med en nypa salt. När de nästan är ihopsatta, tillsätt den andra hälften av sockret och avsluta monteringen. Blanda äggulor och vita försiktigt och med omslutande rörelser.

Doppa kexen i kaffet och spriten på båda sidor (utan att blöta dem för mycket) och lägg dem i botten av en behållare.

Lägg ett lager av ägg- och ostkrämen ovanpå kexen. Doppa ladyfingers igen och montera ovanpå degen. Avsluta med ostmassan och strö över kakaopulver.

LURA

Ät över natten eller bättre två dagar efter beredning.

INTXAURSALSA (VALNÖTSKREAM)

INGREDIENSER

125 g skalade valnötter

100 g socker

1 liter mjölk

1 liten kanelstång

UTVECKLING

Koka upp mjölken med kanel och tillsätt socker och krossade nötter.

Koka på låg värme i 2 timmar och låt svalna innan servering.

LURA

Den måste ha en konsistens som rispudding.

SNACKMJÖLK

INGREDIENSER

175 g socker

1 liter mjölk

Skal av 1 citron

1 kanelstång

3 eller 4 äggvitor

Kanelpulver

UTVECKLING

Värm mjölken på låg värme med kanelstången och citronskalet tills det börjar koka. Tillsätt genast sockret och koka i ytterligare 5 min. Spara och låt svalna i kylen.

När det är kallt, montera äggvitorna tills de blir stela och tillsätt mjölken med omslutande rörelser. Servera med mald kanel.

LURA

För att få en oslagbar granita, förvara i frysen och skrapa varje timme med en gaffel tills den är helt frusen.

KATTTUNGAR

INGREDIENSER

350 g löst mjöl

250 g mjukt smör

250g florsocker

5 äggvitor

1 ägg

Vanilj

Salt

UTVECKLING

Tillsätt smör, florsocker, en nypa salt och lite vaniljsaft i en skål. Vispa väl och tillsätt ägget. Fortsätt vispa och tillsätt vitorna en efter en utan att sluta vispa. Tillsätt mjölet på en gång utan att röra mycket.

Förvara krämen i en påse med slät munstycke och gör remsor på ca 10 cm. Slå plåten mot bordet så att degen breder ut sig och grädda i 200ºC tills ändarna är gyllene.

LURA

Tillsätt 1 matsked kokospulver till degen för att göra olika katttungor.

ORANGE CUPCAKES

INGREDIENSER

220g mjöl

200 g socker

4 ägg

1 liten apelsin

1 på kemisk jäst

Kanelpulver

220 g solrosolja

UTVECKLING

Blanda äggen med socker, kanel och skal och apelsinjuice.

Tillsätt oljan och blanda. Tillsätt det siktade mjölet och jästen. Låt denna blandning vila i 15 minuter och häll i muffinsformar.

Värm ugnen till 200 ºC och grädda i 15 minuter tills den är klar.

LURA

Chokladpärlor kan läggas in i degen.

PORTROSTADE ÄPPLEN

INGREDIENSER

80 g smör (i 4 bitar)

8 matskedar portvin

4 matskedar socker

4 pippin äpplen

UTVECKLING

Kärna ur äpplena. Fyll med sockret och lägg smöret ovanpå.

Grädda i 30 min vid 175 ºC. Efter den tiden, strö varje äpple med 2 matskedar portvin och grädda i ytterligare 15 minuter.

LURA

Servera varm med en kula vaniljglass och ringla över saften de släppte.

KOKT MARÄNG

INGREDIENSER

400 g strösocker

100g florsocker

¼ liter äggvita

droppar citronsaft

UTVECKLING

Vispa vitorna med citronsaft och socker i en bain-marie tills de är väl sammansatta. Ta av från värmen och fortsätt vispa (när temperaturen sjunker kommer marängen att tjockna).

Tillsätt florsockret och fortsätt vispa tills marängen är helt kall.

LURA

Den kan användas för att täcka tårtor och göra dekorationer. Överstig inte 60 ºC så att det vita inte kurar.

TJOCK VANILJSÅS

INGREDIENSER

170 g socker

1 liter mjölk

1 msk majsstärkelse

8 äggulor

Skal av 1 citron

Kanel

UTVECKLING

Koka upp mjölken med citronskalet och hälften av sockret. Täck så fort det kokar och låt det vila från värmen.

Vispa var för sig äggulorna med resten av sockret och majsstärkelsen i en skål. Tillsätt en fjärdedel av den kokta mjölken och fortsätt röra.

Tillsätt äggulablandningen till resten av mjölken och koka utan att sluta röra.

I den första kokningen, slå med några stavar i 15 s. Ta av från värmen och fortsätt vispa i ytterligare 30 sekunder. Sila och låt vila i kylan. Strö över kanel.

LURA

För att göra smaksatta vaniljsås — choklad, krossade kakor, kaffe, riven kokos, etc. — är det bara nödvändigt att blanda in den önskade smaken från värmen och medan den är varm.

PANNA COTTA MED VIOLTTGODIS

INGREDIENSER

150 g socker

100 g lila godis

½ liter grädde

½ liter mjölk

9 gelatinplattor

UTVECKLING

Fukta gelatinbladen med kallt vatten.

Värm grädde, mjölk, socker och karameller i en kastrull tills de smälter.

När det är av värmen, tillsätt gelatinet och rör om tills det är helt upplöst.

Häll upp i formar och förvara i kylen i minst 5 timmar.

LURA

Detta recept kan varieras genom att inkludera kaffegodis, kola, etc.

CITRUS KEXAR

INGREDIENSER

220 g mjukt smör

170 g mjöl

55 g florsocker

35 g majsstärkelse

5 g apelsinskal

5 g citronskal

2 matskedar apelsinjuice

1 msk citronsaft

1 äggvita

Vanilj

UTVECKLING

Blanda mycket långsamt smöret, äggvitan, apelsinjuicen, citronsaften, skalet av citrusfrukterna och en nypa vaniljessens. Rör om och tillsätt det siktade mjölet och majsstärkelsen.

Lägg degen i en hylsa med lockigt munstycke och rita 7 cm ringar på bakplåtspapper. Grädda i 15 min vid 175ºC.

Strö florsocker över kakorna.

LURA

Tillsätt malda kryddnejlika och ingefära i degen. Resultatet är utmärkt.

MANGOPASTA

INGREDIENSER

550 g löst mjöl

400 g mjukt smör

200g florsocker

125 g mjölk

2 ägg

Vanilj

Salt

UTVECKLING

Rör ner mjöl, socker, en nypa salt och ytterligare en av vaniljessens. Tillsätt de inte särskilt kalla äggen ett och ett. Bada i lite varm mjölk och tillsätt det siktade mjölet.

Lägg degen i en hylsa med hoprullat munstycke och häll lite på bakplåtspapper. Grädda i 180ºC i 10 min.

LURA

Man kan lägga mald mandel på utsidan, bada dem i choklad eller sticka körsbär på dem.

YOGHURTKAKA

INGREDIENSER

375 g mjöl

250 g vanlig yoghurt

250 g socker

1 kuvert kemisk jäst

5 ägg

1 liten apelsin

1 citron

125 g solrosolja

UTVECKLING

Vispa ägg och socker med mixern i 5 min. Blanda med yoghurt, olja, skal och citrusjuicer.

Sikta mjölet och jästen och blanda det med yoghurten.

Smörj och mjöla en form. Tillsätt degen och grädda i 165 ºC i ca 35 min.

LURA

Använd smaksatt yoghurt för att göra olika kex.

BANANKOMPOTTE MED ROSmarin

INGREDIENSER

30 g smör

1 kvist rosmarin

2 bananer

UTVECKLING

Skala och skiva bananerna.

Lägg dem i en gryta, täck över och koka på mycket låg värme tillsammans med smör och rosmarin tills bananen är som en kompott.

LURA

Denna kompott fungerar som tillbehör till både fläskkotletter och en chokladkaka. Du kan tillsätta 1 matsked socker under tillagningen för att göra den sötare.

CREME BRULEE

INGREDIENSER

100 g farinsocker

100 g vitt socker

400cl grädde

300cl mjölk

6 äggulor

1 vaniljstång

UTVECKLING

Öppna vaniljstången och extrahera bönorna.

Vispa mjölken med vitsockret, äggulorna, grädden och vaniljstången i en skål. Fyll enskilda formar med denna blandning.

Värm ugnen till 100 ºC och grädda i bain-marie i 90 min. När den är kall, strö över farinsocker och bränn med en ficklampa (eller förvärm ugnen till max i grillläge och grädda tills sockret är lätt bränt).

LURA

Tillsätt 1 matsked löslig kakao till grädden eller mjölken för att få en läcker kakaokrème brûlée.

SCHWEIZISK ARM STAPPAD MED KRÄM

INGREDIENSER

250 g choklad

125 g socker

½ liter grädde

Nyckelpigtårta (se avsnittet Desserter)

UTVECKLING

Gör en nyckelpiga tårta. Fyll med vispad grädde och rulla ihop på sig själv.

Koka upp sockret tillsammans med 125 g vatten i en kastrull. Tillsätt chokladen, smält den i 3 minuter under ständig omrörning och täck den schweziska rullen med den. Låt den vila innan servering.

LURA

För att njuta av en ännu mer komplett och läcker efterrätt, tillsätt hackad frukt i sirap till grädden.

ÄGGFLAN

INGREDIENSER

200 g socker

1 liter mjölk

8 ägg

UTVECKLING

Gör en karamell med sockret på låg värme och utan att röra om. När den fått en rostad färg, ta bort från värmen. Fördela i enskilda flaneras eller i valfri form.

Vispa mjölken och äggen och undvik att det uppstår skum. Om det dyker upp innan du lägger det i formarna, ta bort det helt.

Häll över karamellen och grädda au bain-marie i 165 ºC i cirka 45 minuter eller tills en nål sticker i den och den kommer ut ren.

LURA

Samma recept används för att göra en läcker pudding. Det är bara att tillsätta överblivna croissanter, muffins, kex... från dagen innan i blandningen.

CAVA JELLY MED JORDGUBBAR

INGREDIENSER

500 g socker

150 g jordgubbar

1 flaska champagne

½ paket gelatinplattor

UTVECKLING

Hetta upp cava och socker i en kastrull. Tillsätt gelatinet som tidigare hydrerats i kallt vatten från värmen.

Servera i Martiniglas tillsammans med jordgubbarna och förvara i kylen tills de stelnat.

LURA

Det kan också göras med vilket sött vin som helst och med röda frukter.

FRITTER

INGREDIENSER

150g mjöl

30 g smör

250 ml mjölk

4 ägg

1 citron

UTVECKLING

Koka upp mjölken och smöret tillsammans med citronskalet. När det kokar tar du bort skinnet och häller i mjölet. Stäng av värmen och rör om i 30 s.

Sätt tillbaka den på värmen och flytta ytterligare en minut tills degen inte fastnar på behållarens väggar.

Häll degen i en skål och tillsätt äggen ett och ett (lägg inte i nästa förrän det föregående är väl blandat med degen).

Stek frittorna i små portioner med hjälp av en konditoripåse eller med 2 skedar.

LURA

Den kan fyllas med grädde, grädde, choklad osv.

SAN JUAN COCA

INGREDIENSER

350 g mjöl

100 g smör

40 g pinjenötter

250 ml mjölk

1 paket bakpulver

Skal av 1 citron

3 ägg

Socker

Salt

UTVECKLING

Sikta mjölet och jästen. Blanda och gör en vulkan. Häll skalet, 110 g socker, smör, mjölk, ägg och en nypa salt i mitten. Knåda väl tills degen inte fastnar på händerna.

Sträck med en rulle tills den är rektangulär och fin. Lägg på en plåt på bakplåtspapper och låt jäsa i 30 min.

Måla kokan med ägg, strö över pinjenötterna och 1 msk socker. Grädda i 200ºC ca 25 min.

BOLOGNESESÅS

INGREDIENSER

600 g krossad tomat

500 g nötfärs

1 glas rött vin

3 morötter

2 stjälkar selleri (valfritt)

2 vitlöksklyftor

1 lök

Oregano

Socker

Olivolja

Salt och peppar

UTVECKLING

Finhacka lök, vitlök, stjälkselleri och morötter. Fräs och när grönsakerna är mjuka, tillsätt köttet.

Salta och peppra och bada med vinet när den rosa färgen på köttet försvinner. Låt det reducera i 3 min på hög värme.

Tillsätt den krossade tomaten och koka på svag värme i 1 timme. I slutet, korrigera salt och socker och tillsätt oregano efter smak.

LURA

Bolognese förknippas alltid med pasta, men med rispilaff är det gott.

VIT BULJONG (KYCKLING ELLER NÖT)

INGREDIENSER

1 kg nötkött eller kycklingben

1dl vitt vin

1 stjälk selleri

1 kvist timjan

2 kryddnejlika

1 lagerblad

1 ren purjolök

1 ren morot

½ lök

15 svartpepparkorn

UTVECKLING

Lägg alla ingredienser i en kastrull. Täck med vatten och koka på medelvärme. När det börjar koka, skumma. Koka i 4 timmar.

Sila genom en kinesisk och byt till en annan behållare. Förvara snabbt i kylen.

LURA

Salta inte förrän användning, eftersom det är lättare för det att förstöra. Den används som basbuljong för att göra såser, soppor, risrätter, grytor etc.

CONCASSÉ TOMAT

INGREDIENSER

1 kg tomater

120g lök

2 vitlöksklyftor

1 kvist rosmarin

1 kvist timjan

Socker

1 dl olivolja

Salt

UTVECKLING

Hacka lök och vitlök i små bitar. Fräs långsamt i 10 min i en panna.

Skiva tomaterna och lägg dem i pannan tillsammans med örterna. Koka tills tomaterna tappar allt vatten.

Smaka av med salt och korrigera eventuellt med socker.

LURA

Den kan förberedas i förväg och förvaras i en lufttät behållare i kylen.

ROBERT SÅS

INGREDIENSER

200 g vårlök

100 g smör

½ l köttbuljong

¼ liter vitt vin

1 matsked mjöl

1 matsked senap

Salt och peppar

UTVECKLING

Fräs gräslöken skuren i små bitar i smöret. Tillsätt mjölet och koka långsamt i 5 min.

Höj värmen, häll i vinet och låt reducera till hälften under konstant omrörning.

Tillsätt buljongen och koka i ytterligare 5 min. När den är av värmen, tillsätt senap och smaka av med salt och peppar.

LURA

Perfekt att åtfölja fläsk.

ROSA SÅS

INGREDIENSER

250 g majonnässås (se avsnittet Buljonger och såser)

2 matskedar ketchup

2 matskedar konjak

Saft av ½ apelsin

Tabasco

Salt och peppar

UTVECKLING

Blanda majonnäs, ketchup, konjak, juice, en nypa tabasco, salt och peppar. Vispa väl tills du får en homogen sås.

LURA

För att göra såsen slätare, tillsätt ½ msk senap och 2 msk flytande grädde.

FISKBESTÅND

INGREDIENSER

500 g ben eller huvuden av vit fisk

1dl vitt vin

1 kvist persilja

1 purjolök

½ liten lök

5 pepparkorn

UTVECKLING

Lägg alla ingredienser i en kastrull och täck med 1 l kallt vatten. Koka på medelvärme i 20 min utan att sluta skumma.

Sila, överför till en annan behållare och förvara snabbt i kylen.

LURA

Salta inte förrän användning, eftersom det är lättare för det att förstöra. Det är basen för såser, risrätter, soppor etc.

TYSK SÅS

INGREDIENSER

35 g smör

35 g mjöl

2 äggulor

½ l buljong (fisk, kött, fågel, etc.)

Salt

UTVECKLING

Fräs mjölet i smöret på svag värme i 5 min. Tillsätt buljongen på en gång och låt koka på medelvärme i 15 minuter till utan att sluta vispa. Rätta till salt.

Av värmen och utan att sluta vispa, tillsätt äggulorna.

LURA

Värm inte för mycket så att äggulorna inte stelnar.

MODIG SÅS

INGREDIENSER

750 g stekt tomat

1 litet glas vitt vin

3 matskedar vinäger

10 råa mandlar

10 chili

5 skivor bröd

3 vitlöksklyftor

1 lök

Socker

Olivolja

Salt

UTVECKLING

Bryn hela vitlöken i en panna. Dra tillbaka och reservera. Fräs mandeln i samma olja. Dra tillbaka och reservera. Stek brödet i samma panna. Dra tillbaka och reservera.

Fräs den finhackade löken i samma olja tillsammans med chilin. När den är pocherad, blöt med vinägern och glaset vin. Låt det reducera i 3 min på hög värme.

Tillsätt tomat, vitlök, mandel och bröd. Koka i 5 min, blanda och smaksätt eventuellt med salt och socker.

LURA

Den kan frysas i individuella istärningsbrickor och använd bara den mängd som behövs.

MÖRK BULJONG (KYCKLING ELLER NÖTKÖTT)

INGREDIENSER

5 kg nötkött eller kycklingben

500 g tomater

250 g morötter

250 g purjolök

125 g lök

½ liter rött vin

5 liter kallt vatten

1 gren av pio

3 lagerblad

2 timjankvistar

2 kvistar rosmarin

15 pepparkorn

UTVECKLING

Grädda benen i 185ºC tills de är lätt rostade. Tillsätt de rengjorda grönsakerna och skär i medelstora bitar i samma bricka. Låt grönsakerna bryna.

Lägg benen och grönsakerna i en stor gryta. Tillsätt vin och örter och tillsätt vattnet. Koka i 6 timmar på låg värme, skumma då och då. Sila och låt svalna.

LURA

Det är basen för en mängd såser, grytor, risrätter, soppor etc. När buljongen är kall förblir fettet stelnat på toppen. Det är lättare att ta bort det på det sättet.

MOJO PICÓN

INGREDIENSER

8 matskedar vinäger

2 teskedar spiskummin

2 teskedar söt paprika

2 vitlökhuvuden

3 cayenne

30 matskedar olja

grovt salt

UTVECKLING

Slå alla fasta ingredienser, utom paprikan, i en mortel tills en pasta erhålls.

Tillsätt paprikan och fortsätt mosa. Tillsätt vätskan lite i taget tills du får en homogen och emulgerad sås.

LURA

Perfekt att åtfölja den berömda skrynkliga potatisen och även för grillad fisk.

PESTO SÅS

INGREDIENSER

100 g pinjenötter

100 g parmesan

1 knippe färsk basilika

1 vitlöksklyfta

mild olivolja

UTVECKLING

Blanda alla ingredienser utan att göra det väldigt homogent för att märka pinjenötternas krispighet.

LURA

Du kan byta ut pinjenötterna mot valnötter och basilikan mot färsk ruccola. Ursprungligen är det gjort med murbruk.

SÖTSUR SÅS

INGREDIENSER

100 g socker

100 ml vinäger

50 ml sojasås

Skal av 1 citron

Skal av 1 apelsin

UTVECKLING

Koka socker, vinäger, sojasås och citrusskal i 10 min. Låt svalna innan användning.

LURA

Det är det perfekta tillbehöret till vårrullar.

GRÖN MOJITO

INGREDIENSER

8 matskedar vinäger

2 teskedar spiskummin

4 gröna pepparkorn

2 vitlökhuvuden

1 knippe persilja eller koriander

30 matskedar olja

grovt salt

UTVECKLING

Slå alla fasta ämnen tills du får en pasta.

Tillsätt vätskan lite i taget tills du får en homogen och emulgerad sås.

LURA

Den kan förvaras utan problem täckt med plastfolie, kyld i kylen ett par dagar.

BESSAMEL-SÅS

INGREDIENSER

85 g smör

85 g mjöl

1 liter mjölk

Muskot

Salt och peppar

UTVECKLING

Smält smöret i en kastrull, tillsätt mjölet och låt koka på svag värme i 10 minuter under konstant omrörning.

Tillsätt mjölken på en gång och koka i ytterligare 20 min. Fortsätt röra. Rätta till salt, peppar och muskotnöt.

LURA

För att undvika klumpar, koka mjölet med smöret på låg värme och fortsätt vispa tills blandningen nästan blir flytande.

JÄGARSÅS

INGREDIENSER

200 g svamp

200 g tomatsås

125 g smör

½ l köttbuljong

¼ liter vitt vin

1 matsked mjöl

1 vårlök

Salt och peppar

UTVECKLING

Fräs den finhackade vårlöken i smöret på medelvärme i 5 min.

Tillsätt den rengjorda och kvartade svampen och höj värmen. Koka i ytterligare 5 minuter tills de tappar vattnet. Tillsätt mjölet och koka ytterligare 5 min utan att sluta röra.

Tillsätt vinet och låt det reducera. Tillsätt tomatsåsen och köttbuljongen. Koka ytterligare 5 min.

LURA

Förvara i kylen och bred en lätt smörfilm ovanpå så att det inte bildas en skorpa på ytan.

AIOLI-SÅS

INGREDIENSER

6 vitlöksklyftor

Vinäger

½ l lätt olivolja

Salt

UTVECKLING

Krossa vitlöken med salt i en mortel tills du får en pasta.

Tillsätt gradvis oljan, rör hela tiden med mortelstöten tills en tjock sås erhålls. Tillsätt en skvätt vinäger till såsen.

LURA

Om 1 äggula tillsätts under vitlöksmoset är det lättare att göra såsen.

AMERIKANSK SÅS

INGREDIENSER

150 g flodkräftor

250 g skal och huvuden av räkor och räkor

250 g mogna tomater

250g lök

100 g smör

50 g morot

50 g purjolök

½ l fiskbuljong

1dl vitt vin

½ dl konjak

1 matsked mjöl

1 jämn tesked varm paprika

1 kvist timjan

Salt

UTVECKLING

Fräs grönsakerna, förutom tomaterna, skurna i små bitar i smöret. Fräs sedan paprikan och mjölet.

Fräs krabban och huvudena på resten av skaldjuren och flambera med konjaken. Reservera krabbasvansarna och mal slaktkropparna med fumeten. Sila 2 eller 3 gånger tills inga rester av höljet finns kvar.

Tillsätt fond, vin, kvartade tomater och timjan till grönsakerna. Koka i 40 min, mal och smaka av med salt.

LURA

Perfekt sås till fylld paprika, marulk eller fiskkaka.

AURORA-SÅS

INGREDIENSER

45 g smör

½ l veloutésås (se avsnittet buljonger och såser)

3 matskedar tomatsås

UTVECKLING

Koka upp veloutésåsen, tillsätt matskedarna tomat och vispa med en visp.

Ta av från värmen, tillsätt smöret och fortsätt blanda tills det är väl blandat.

LURA

Använd den här såsen till några fyllda ägg.

GRILLSÅS

INGREDIENSER

1 burk Coca Cola

1 kopp tomatsås

1 kopp ketchup

½ kopp vinäger

1 tsk oregano

1 tsk timjan

1 tsk spiskummin

1 vitlöksklyfta

1 hackad cayennepepp

½ lök

Olivolja

Salt och peppar

UTVECKLING

Skär löken och vitlöken i små bitar och fräs i lite olja. När den är mjuk, tillsätt tomat, ketchup och vinäger.

Koka i 3 min. Tillsätt cayenne och kryddor. Rör om, häll på Coca-Cola och koka tills en tjock konsistens återstår.

LURA

Det är en perfekt sås till kycklingvingar. Den kan frysas i individuella istärningsbrickor och använd bara den mängd som behövs.

BEARNAISE-SÅS

INGREDIENSER

250 g klarat smör

1 dl dragonvinäger

1dl vitt vin

3 äggulor

1 schalottenlök (eller ½ liten vårlök)

Dragon

Salt och peppar

UTVECKLING

Hetta upp schalottenlök skuren i små bitar tillsammans med vinäger och vin i en kastrull. Låt det reducera tills du får ca 1 msk.

Montera de kryddade äggulorna i en bain-marie. Tillsätt minskningen av vin och vinäger plus 2 matskedar kallt vatten tills den fördubblats i volym.

Tillsätt gradvis det smälta smöret till äggulorna utan att sluta vispa. Tillsätt lite hackad dragon och förvara i vattenbad vid högst 50 ºC.

LURA

Det är viktigt att förvara denna sås i en bain-marie på låg värme så att den inte skär sig.

CARBONARA-SÅS

INGREDIENSER

200 g bacon

200 g grädde

150 g parmesan

1 medelstor lök

3 äggulor

Salt och peppar

UTVECKLING

Fräs löken skuren i små tärningar. När den är sauterad, tillsätt baconet skuret i fina strimlor och låt det stå på värmen tills det är gyllene.

Häll sedan i grädden, smaka av med salt och peppar och koka långsamt i 20 min.

Väl av värmen, tillsätt riven ost, äggulorna och rör om.

LURA

Blir det över till ett annat tillfälle, när det är varmt, gör det på låg värme och inte för länge så att ägget inte stelnar.

LÄCKLIG SÅS

INGREDIENSER

200 g vårlök

100 g gurkor

100 g smör

½ l köttbuljong

125cl vitt vin

125cl vinäger

1 matsked senap

1 matsked mjöl

Salt och peppar

UTVECKLING

Stek den hackade gräslöken i smöret. Tillsätt mjölet och koka långsamt i 5 min.

Höj värmen och häll i vin och vinäger och låt reducera till hälften under konstant omrörning.

Tillsätt buljongen, de skurna gurkorna och koka i ytterligare 5 minuter. Ta av från värmen och tillsätt senap. Säsong.

LURA

Denna sås är idealisk för fett kött.

CUMBERLANDSÅS

INGREDIENSER

150 g vinbärssylt

½ dl portvin

1 glas mörk köttbuljong (se avsnittet Buljonger och såser)

1 tsk ingefärapulver

1 matsked senap

1 schalottenlök

½ apelsinskal

½ citronskal

Saft av ½ apelsin

Saften av ½ citron

Salt och peppar

UTVECKLING

Skär apelsin- och citronskalet i tunna julienneremsor. Koka från kallt vatten och koka i 10 s. Upprepa operationen 2 gånger. Dränera och fräscha upp.

Finhacka schalottenlöken och koka i 1 minut, rör hela tiden med vinbärssylt, portvin, buljong, citrusskal och -saft, senap, ingefära, salt och peppar. Låt svalna.

LURA

Det är en perfekt sås till patéer eller vilträtter.

CURRYSÅS

INGREDIENSER

200g lök

2 matskedar mjöl

2 msk curry

3 vitlöksklyftor

2 stora tomater

1 kvist timjan

1 lagerblad

1 flaska kokosmjölk

1 äpple

1 banan

Olivolja

Salt

UTVECKLING

Fräs vitlöken och löken skuren i små bitar i olja. Tillsätt curryn och pochera 3 min. Tillsätt mjölet och fräs i ytterligare 5 minuter under konstant omrörning.

Tillsätt de kvartade tomaterna, örterna och kokosmjölken. Koka 30 min på låg värme. Tillsätt det skalade och hackade äpplet och bananen och koka i ytterligare 5 minuter. Krossa, sila och korrigera salt.

LURA

För att göra den här såsen mindre kalori, halvera kokosmjölken och ersätt den med kycklingbuljong.

VITLÖKSSÅS

INGREDIENSER

250 ml grädde

10 vitlöksklyftor

Salt och peppar

UTVECKLING

Blanchera vitlöken 3 gånger i kallt vatten. Koka upp, låt rinna av och koka upp igen från kallt vatten. Upprepa denna operation 3 gånger.

När blancherat, koka i 25 minuter tillsammans med grädden. Till sist, krydda och blanda.

LURA

Alla krämer är inte likadana. Om den är för tjock, tillsätt lite grädde och koka i ytterligare 5 minuter. Om det tvärtom är väldigt flytande, koka länge. Den är perfekt för fisk.

BJÖRNBÄRSSÅS

INGREDIENSER

200 g björnbär

25 g socker

250 ml spansk sås (se avsnittet Buljonger och såser)

100 ml sött vin

2 matskedar vinäger

1 msk smör

Salt och peppar

UTVECKLING

Gör en karamell med sockret på låg värme. Tillsätt vinägern, vinet, björnbären och koka i 15 min.

Häll den spanska såsen. Salta och peppra, blanda, sila och låt koka upp tillsammans med smöret.

LURA

Det är en perfekt sås till viltkött.

CIDERSÅS

INGREDIENSER

250 ml grädde

1 flaska cider

1 zucchini

1 morot

1 purjolök

Salt

UTVECKLING

Skär grönsakerna i stavar och fräs dem i 3 minuter på hög värme. Häll på cidern och låt den reducera i 5 min.

Tillsätt grädden, saltet och koka i ytterligare 15 minuter.

LURA

Perfekt tillbehör till en grillad havsruda eller en skiva lax.

KETCHUP

INGREDIENSER

1 ½ kg mogna tomater

250g lök

1 glas vitt vin

1 skinkben

2 vitlöksklyftor

1 stor morot

färsk timjan

färsk rosmarin

Socker (valfritt)

Salt

UTVECKLING

Skär lök, vitlök och morot i julienne-remsor och stek på medelvärme. När grönsakerna är mjuka, lägg i benet och häll i vinet. Skruva upp elden.

Tillsätt de kvartade tomaterna och de aromatiska örterna. Koka 30 min.

Ta bort benet och örterna. Krossa, sila och korrigera vid behov salt och socker.

LURA

Frys in i individuella istärningsbrickor för att alltid ha en utsökt hemgjord tomatsås till hands.

PEDRO XIMENEZ VINSÅS

INGREDIENSER

35 g smör

250 ml spansk sås (se avsnittet Buljonger och såser)

75 ml Pedro Ximenez vin

Salt och peppar

UTVECKLING

Värm vinet i 5 minuter på medelvärme. Tillsätt den spanska såsen och koka i ytterligare 5 min.

För att tjockna och glänsa, lägg av värmen medan du fortsätter att vispa det tärnade kalla smöret. Säsong.

LURA

Det kan göras med vilket sött vin som helst, som portvin.

KRÄMSÅS

INGREDIENSER

½ l bechamelsås (se avsnittet Buljonger och såser)

200cl grädde

Saften av ½ citron

UTVECKLING

Koka upp bechamel och tillsätt grädden. Koka tills du får ca 400 cl sås.

När av värmen, tillsätt citronsaften.

LURA

Perfekt för gratäng, till sås av fisk och fyllda ägg.

MAJONNÄSSÅS

INGREDIENSER

2 ägg

Saften av ½ citron

½ l lätt olivolja

Salt och peppar

UTVECKLING

Lägg äggen och citronsaften i ett mixerglas.

Vispa med mixern 5, tillsätt oljan i en fin tråd medan du fortsätter att vispa. Rätta till salt och peppar.

LURA

Så att det inte skärs vid malning, tillsätt 1 matsked varmt vatten i mixerglaset tillsammans med resten av ingredienserna.

YOGHURT OCH DILLSÅS

INGREDIENSER

20g lök

75 ml majonnässås (se avsnittet Buljonger och såser)

1 matsked honung

2 yoghurtar

Dill

Salt

UTVECKLING

Mixa alla ingredienser, förutom dillen, tills du får en slät sås.

Finhacka dillen och lägg i såsen. Ta bort och korrigera saltet.

LURA

Den passar perfekt till stekt potatis eller lammkött.

DJÄVELSÅS

INGREDIENSER

100 g smör

½ l köttbuljong

3dl vitt vin

1 vårlök

2 chili

Salt

UTVECKLING

Skär vårlöken i små bitar och fräs på hög temperatur. Tillsätt chilin, häll i vinet och låt reducera till hälften av volymen.

Fukta med buljongen, koka i ytterligare 5 minuter och smaka av med salt och krydda.

Tillsätt det mycket kalla smöret från värmen och blanda med en visp tills det blir tjockt och blankt.

LURA

Denna sås kan också göras med sött vin. Resultatet är utsökt.

SPANSK SÅS

INGREDIENSER

30 g smör

30g mjöl

1 l köttbuljong (reducerad)

Salt och peppar

UTVECKLING

Fräs mjölet i smöret tills det är lätt rostat.

Häll den kokande buljongen under omrörning. Koka i 5 min och smaka av med salt och peppar.

LURA

Denna sås är basen i många utarbetningar. Det är vad som i matlagning kallas för bassås.

HOLLANDSISK SÅS

INGREDIENSER

250 g smör

3 äggulor

Saften av ¼ citron

Salt och peppar

UTVECKLING

Smält smöret.

Vispa äggulorna i en bain-marie tillsammans med lite salt, peppar och citronsaft plus 2 matskedar kallt vatten tills den fördubblats i volym.

Tillsätt gradvis det smälta smöret till äggulorna medan du fortsätter att vispa. Förvaras i vattenbad vid högst 50 ºC.

LURA

Den här såsen är spektakulär att ackompanjera några små rostade potatisar med rökt lax på toppen.

ITALIENSK DRESSING

INGREDIENSER

125 g tomatsås

100 g svamp

50 g Yorkskinka

50 g vårlök

45 g smör

125 ml spansk sås (se avsnittet Buljonger och såser)

90 ml vitt vin

1 kvist timjan

1 kvist rosmarin

Salt och peppar

UTVECKLING

Finhacka vårlöken och fräs i smöret. När de är mjuka, höj värmen och tillsätt de skivade och rengjorda svamparna. Tillsätt den tärnade skinkan.

Häll i vin och örter, och låt det reducera helt.

Tillsätt den spanska såsen och tomatsåsen. Koka i 10 min och smaka av med salt och peppar.

LURA

Perfekt till pasta och kokta ägg.

MOUSSELINSÅS

INGREDIENSER

250 g smör

85 ml vispgrädde

3 äggulor

Saften av ¼ citron

Salt och peppar

UTVECKLING

Smält smöret.

Lägg äggulorna i en bain-marie tillsammans med lite salt, peppar och citronsaft. Tillsätt 2 matskedar kallt vatten tills den fördubblats i volym. Tillsätt gradvis smöret till äggulorna utan att sluta vispa.

Precis vid serveringsögonblicket, vispa grädden och lägg till den föregående blandningen med mjuka och omslutande rörelser.

LURA

Förvaras i vattenbad vid högst 50 ºC. Den är perfekt för att grilla lax, rakmusslor, sparris etc.

REMOULADSÅS

INGREDIENSER

250 g majonnässås (se avsnittet Buljonger och såser)

50 g gurkor

50 g kapris

10 g ansjovis

1 tsk hackad färsk persilja

UTVECKLING

Mal ansjovisen i en mortel tills den är mosad. Skär kapris och gurkor i mycket små bitar. Tillsätt resten av ingredienserna och blanda.

LURA

Perfekt för fyllda ägg.

BIZCAINE-SÅS

INGREDIENSER

500 g lök

400 g färska tomater

25 g bröd

3 vitlöksklyftor

4 chorizo eller ñoras paprika

Socker (valfritt)

Olivolja

Salt

UTVECKLING

Blötlägg ñoras för att ta bort köttet.

Skär lök och vitlök i julienne strimlor och fräs dem på medelvärme i en täckt gryta i 25 min.

Tillsätt brödet och de tärnade tomaterna och fortsätt koka i ytterligare 10 min. Tillsätt köttet av ñoras och koka i 10 minuter till.

Krossa och korrigera salt och socker vid behov.

LURA

Även om det inte är vanligt är det en fantastisk sås att göra med spagetti.

BLÄCKSÅS

INGREDIENSER

2 vitlöksklyftor

1 stor tomat

1 liten lök

½ liten röd paprika

½ liten grön paprika

2 påsar bläckfiskbläck

vitt vin

Olivolja

Salt

UTVECKLING

Skär grönsakerna i små bitar och fräs långsamt i 30 min.

Tillsätt den rivna tomaten och koka på medelhög värme tills den tappar vattnet. Höj värmen och tillsätt bläckpåsarna och en skvätt vin. Låt det reducera till hälften.

Krossa, sila och smaka av med salt.

LURA

Om lite mer bläck tillsätts efter malningen blir såsen ljusare.

MORGONSÅS

INGREDIENSER

75 g parmesanost

75 g smör

75 g mjöl

1 liter mjölk

2 äggulor

Muskot

Salt och peppar

UTVECKLING

Smält smöret i en kastrull. Tillsätt mjölet och låt koka på låg värme i 10 minuter under konstant omrörning.

Häll på mjölken på en gång och koka i ytterligare 20 minuter under konstant omrörning.

Tillsätt äggulor och ost från värmen och fortsätt röra. Rätta till salt, peppar och muskotnöt.

LURA

Det är en perfekt sås till gratäng. Vilken typ av ost som helst kan användas.

ROMESCO SÅS

INGREDIENSER

100 g vinäger

80 g rostade mandlar

½ tsk söt paprika

2 eller 3 mogna tomater

2 ñoras

1 liten skiva rostat bröd

1 huvud vitlök

1 chili

250 g extra virgin olivolja

Salt

UTVECKLING

Fukta ñoras i varmt vatten i 30 min. Ta bort dess fruktkött och reservera.

Värm ugnen till 200 ºC och rosta tomaterna och vitlökshuvudet (tomaterna behöver cirka 15 eller 20 minuter och vitlöken lite mindre).

När de är rostade, rengör skalet och fröna från tomaterna och ta bort vitlöken en efter en. Lägg i ett mixerglas tillsammans med mandeln, det rostade brödet, köttet från ñoras, oljan och vinägern. Vispa väl.

Tillsätt sedan den söta paprikan och en nypa chili. Vispa igen och korrigera saltet.

LURA

Strimla inte såsen för mycket.

SOUBISE-SÅS

INGREDIENSER

100 g smör

85 g mjöl

1 liter mjölk

1 lök

Muskot

Salt och peppar

UTVECKLING

Smält smöret i en kastrull och fräs långsamt löken skuren i tunna strimlor i 25 min. Tillsätt mjölet och koka i ytterligare 10 minuter under konstant omrörning.

Häll på mjölken på en gång och koka i ytterligare 20 minuter på låg värme, under konstant omrörning. Rätta till salt, peppar och muskotnöt.

LURA

Den kan serveras som den är eller krossad. Den är perfekt för cannelloni.

TARTAR SÅS

INGREDIENSER

250 g majonnässås (se avsnittet Buljonger och såser)

20 g gräslök

1 msk kapris

1 msk färsk persilja

1 matsked senap

1 gurka i vinäger

1 hårdkokt ägg

Salt

UTVECKLING

Finhacka vårlöken, kapris, persilja, gurka och hårdkokt ägg.

Blanda allt och tillsätt majonnäs och senap. Lägg en nypa salt.

LURA

Det är det perfekta tillbehöret till fisk och kallskuret.

TOFFESÅS

INGREDIENSER

150 g socker

70 g smör

300 ml grädde

UTVECKLING

Gör en karamell med smör och socker, utan att röra om när som helst.

När karamellen är gjord, ta bort från värmen och tillsätt grädden. Koka 2 min på hög värme.

LURA

Du kan smaksätta kolan genom att tillsätta 1 kvist rosmarin.

GRÖNSAKESOPPA

INGREDIENSER

250 g morötter

250 g purjolök

250 g tomater

150 g lök

150 g kålrot

100 g selleri

Salt

UTVECKLING

Tvätta grönsakerna väl och skär dem i vanliga bitar. Lägg i en kastrull och täck med kallt vatten.

Koka på låg värme i 2 timmar. Sila och tillsätt salt.

LURA

Grönsakerna som används kan användas för att göra en god kräm. Koka alltid utan lock, så att när vattnet avdunstar blir smakerna bättre koncentrerade.

VELOUTSÅS

INGREDIENSER

35 g smör

35 g mjöl

½ l buljong (fisk, kött, fågel, etc.)

Salt

UTVECKLING

Fräs långsamt mjölet i smöret i 5 min.

Tillsätt buljongen på en gång och koka på medelvärme under konstant omrörning. Lägg en nypa salt.

LURA

Den fungerar som bas för många andra såser.

SALSA VINAIGRETTE

INGREDIENSER

4 matskedar vinäger

1 liten lök

1 stor tomat

½ röd paprika

½ grön paprika

12 matskedar olivolja

Salt

UTVECKLING

Hacka tomat, paprika och lök i mycket små bitar.

Blanda allt och tillsätt olja, vinäger och salt.

LURA

Perfekt för att dressa några musslor eller lite potatis tillagad med tonfisk.

RÖDA FRUKTER I SÖTT VIN MED MINTA

INGREDIENSER

550 g röda frukter

50 g socker

2 dl sött vin

5 myntablad

UTVECKLING

Koka röda frukter, socker, sött vin och myntablad i en kastrull i 20 min.

Låt den vila i samma behållare tills den svalnat och servera i individuella skålar.

LURA

Krossa och komplettera med gräddglass och några tjocka chokladbiskvier.

LURA

Det är bättre att äta det kallt. Lägg några bitar av kanderad frukt ovanpå innan du bakar. Resultatet är fantastiskt.

KYCKLINGTRUMMOR MED WHISKY

INGREDIENSER

12 kycklinglår

200 ml grädde

150 ml whisky

100 ml kycklingbuljong

3 äggulor

1 vårlök

Mjöl

Olivolja

Salt och peppar

UTVECKLING

Krydda, mjöl och bryn kycklinglåren. Dra tillbaka och reservera.

Fräs den finskivade vårlöken i samma olja i 5 min. Tillsätt whiskyn och flambera (kåpan måste vara av). Häll i grädde och buljong. Tillsätt kycklingen igen och koka i 20 minuter på låg värme.

Ta av värmen, tillsätt äggulorna och rör försiktigt så att såsen tjocknar något. Smaka av med salt och peppar om det behövs.

LURA

Whisky kan ersättas av den alkoholhaltiga dryck som vi gillar mest.

ROSTAD ANKA

INGREDIENSER

1 ren anka

1 liter kycklingbuljong

4 dl sojasås

3 matskedar honung

2 vitlöksklyftor

1 liten lök

1 cayennepepp

färsk ingefära

Olivolja

Salt och peppar

UTVECKLING

Blanda i en skål kycklingbuljong, sojabönor, riven vitlök, finhackad cayennepeppar och lök, honung, en bit riven ingefära och peppar. Marinera ankan i denna blandning i 1 timme.

Ta bort från macerationen och lägg på en bakplåt med hälften av vätskan från macerationen. Grilla i 200 ºC i 10 min på varje sida. Ständigt blöt med en borste.

Sänk ugnen till 180 ºC och tillaga ytterligare 18 minuter på varje sida (fortsätt måla var 5:e minut med en pensel).

Ta bort och reservera ankan och reducera såsen till hälften i en kastrull på medelvärme.

LURA

Baka fåglarna med brösten nere i början, det gör dem mindre torra och saftigare.

VILLAROY KYCKLINGBRÖST

INGREDIENSER

1 kg kycklingbröst

2 morötter

2 st selleristavar

1 lök

1 purjolök

1 kålrot

Mjöl, ägg och ströbröd (för överdrag)

för besamellen

1 liter mjölk

100 g smör

100g mjöl

mald muskotnöt

Salt och peppar

UTVECKLING

Koka alla rena grönsaker i 2 l vatten (från kallt) i 45 min.

Gör under tiden en bechamelsås genom att fräsa mjölet i smöret på medelhög värme i 5 min. Tillsätt sedan mjölken och rör om. Krydda och tillsätt muskotnöt. Koka 10 min på låg värme utan att sluta vispa.

Sila av buljongen och koka brösten (hela eller filéade) i den i 15 min. Ta bort och låt dem svalna. Sausa brösten väl med bechamelsåsen och förvara i kylen. När det svalnat, lägg i mjöl, sedan i ägg och till sist i ströbröd. Stek i rikligt med olja och servera varma.

LURA

Du kan dra fördel av buljongen och de krossade grönsakerna för att göra en utsökt kräm.

KYCKLINGBRÖST MED SENAP OCH CITRONSÅS

INGREDIENSER

4 kycklingbröst

250 ml grädde

3 matskedar konjak

3 matskedar senap

1 matsked mjöl

2 vitlöksklyftor

1 citron

½ vårlök

Olivolja

Salt och peppar

UTVECKLING

Krydda och bryn brösten skurna i vanliga bitar med lite olja. Boka.

Fräs gräslöken och den finhackade vitlöken i samma olja. Tillsätt mjölet och koka 1 min. Tillsätt konjaken tills det avdunstar och häll i grädden, 3 msk citronsaft och dess skal, senap och salt. Koka såsen i 5 minuter.

Tillsätt kycklingen igen och koka på låg värme i ytterligare 5 minuter.

LURA

Riv citronen först innan du extraherar dess juice. För att spara pengar kan den även göras med hackad kyckling istället för bröst.

ROSTAD GAUNETTE MED PLOMMEN OCH SVAMP

INGREDIENSER

1 pärlhöna

250 g svamp

200 ml port

¼ liter kycklingbuljong

15 urkärnade plommon

1 vitlöksklyfta

1 tsk mjöl

Olivolja

Salt och peppar

UTVECKLING

Salta och peppra och rosta pärlhönsen tillsammans med plommonen i 40 min vid 175 ºC. Vänd på den halvvägs genom bakningen. När tiden har gått, ta bort och reservera juicerna.

Fräs 2 msk olja och mjölet i en kastrull i 1 minut. Bada med vinet och låt reducera till hälften. Fukta med saften från steken och med buljongen. Koka i 5 min utan att sluta röra.

Fräs svampen separat med lite finhackad vitlök, tillsätt dem i såsen och låt koka upp. Servera pärlhönsen med såsen.

LURA

För speciella tillfällen kan du fylla pärlhönsen med äpple, foie, köttfärs, nötter.

 AVES

VILLAROY KYCKLINGBRÖST SPOPPAD MED KARAMELISERADE PIQUILLOS MED VÄTTA AV MODENA

INGREDIENSER

4 kycklingbröstfiléer

100 g smör

100g mjöl

1 liter mjölk

1 burk piquillo paprika

1 glas Modena vinäger

½ glas socker

Muskot

Ägg och ströbröd (för överdrag)

Olivolja

Salt och peppar

UTVECKLING

Fräs smör och mjöl i 10 minuter på låg värme. Häll sedan i mjölken och koka i 20 minuter under konstant omrörning. Krydda och tillsätt muskotnöt. Låt svalna.

Karamellisera under tiden paprikan med vinägern och sockret tills vinägern börjar (precis börjar) tjockna.

Krydda filéerna med salt och peppar och fyll med piquillopeppar. Rulla ihop brösten i genomskinlig film som om de vore väldigt fasta godisar, stäng och koka i 15 minuter i vatten.

När de är kokta, sås på alla sidor med béchamel och doppa dem i uppvispat ägg och ströbröd. Stek i rikligt med olja.

LURA

Om ett par matskedar curry tillsätts medan mjölet sauteras till bechamel blir resultatet annorlunda och väldigt mustigt.

KYCKLINGBRÖST SPOPPDA MED BACON, SVAMP OCH OST

INGREDIENSER

4 kycklingbröstfiléer

100 g svamp

4 skivor rökt bacon

2 msk senap

6 matskedar grädde

1 lök

1 vitlöksklyfta

skivad ost

Olivolja

Salt och peppar

UTVECKLING

Krydda kycklingfiléerna. Rensa och skär svampen i fjärdedelar.

Bryn baconet och fräs den hackade svampen med vitlöken på hög värme.

Fyll filéerna med bacon, ost och svamp, och stäng dem perfekt med genomskinlig film som om de vore godis. Koka i 10 min i kokande vatten. Ta bort filmen och filén.

Å andra sidan pochera löken skuren i små bitar, tillsätt grädde och senap, koka i 2 minuter och mixa. Fräs över kycklingen

LURA

Den genomskinliga filmen tål höga temperaturer och tillför ingen smak till maten.

SÖT VINKYCKLING MED PLOOMMOON

INGREDIENSER

1 stor kyckling

100 g urkärnade plommon

½ l kycklingbuljong

½ flaska sött vin

1 vårlök

2 morötter

1 vitlöksklyfta

1 matsked mjöl

Olivolja

Salt och peppar

UTVECKLING

Krydda och bryn kycklingen skuren i bitar i en mycket het gryta med olja. Ta ut och reservera.

Fräs den finhackade vårlöken, vitlöken och morötterna i samma olja. När grönsakerna är väl pocherade, tillsätt mjölet och koka ytterligare en minut.

Bada med det söta vinet och höj värmen tills det nästan är helt reducerat. Tillsätt buljongen och tillsätt kycklingen och plommonen igen.

Koka i cirka 15 minuter eller tills kycklingen är mjuk. Ta bort kycklingen och mixa såsen. Sätt den till saltpunkten.

LURA

Om du tillsätter lite kallt smör i den krossade såsen och vispar den med en visp får du mer tjocklek och glans.

ORANGE KYCKLINGBRÖST MED CASHEWNÖTTER

INGREDIENSER

4 kycklingbröst

75 g cashewnötter

2 glas naturlig apelsinjuice

4 matskedar honung

2 matskedar Cointreau

Mjöl

Olivolja

Salt och peppar

UTVECKLING

Krydda och mjöla brösten. Bryn dem i rikligt med olja, ta bort och reservera.

Koka apelsinjuicen med Cointreau och honung i 5 minuter. Tillsätt brösten till såsen och koka på svag värme i 8 min.

Servera med såsen och cashewnötterna ovanpå.

LURA

Ett annat sätt att göra en god apelsinsås är att börja med karameller som inte är särskilt mörka som naturlig apelsinjuice tillsätts.

PICKAD RAPFRÅN

INGREDIENSER

4 rapphöns

300 g lök

200 g morötter

2 glas vitt vin

1 huvud vitlök

1 lagerblad

1 glas vinäger

1 glas olja

Salt och 10 pepparkorn

UTVECKLING

Krydda och bryn rapphönsen på hög värme. Dra tillbaka och reservera.

I samma olja, fräs de skurna morötterna och löken. När grönsakerna är mjuka, tillsätt vin, vinäger, pepparkorn, salt, vitlök och lagerblad. Fräs i 10 min.

Sätt tillbaka rapphönan och koka på svag värme i ytterligare 10 minuter.

LURA

För att inlagt kött eller fisk ska få mer smak är det bättre att de vilar i minst 24 timmar.

CACCIATOR KYCKLING

INGREDIENSER

1 hackad kyckling

50 g skivad svamp

½ l kycklingbuljong

1 glas vitt vin

4 rivna tomater

2 morötter

2 vitlöksklyftor

1 purjolök

½ lök

1 bukett aromatiska örter (timjan, rosmarin, lagerblad...)

Olivolja

Salt och peppar

UTVECKLING

Krydda och bryn kycklingen i en mycket het gryta med en klick olja. Ta ut och reservera.

Fräs morötter, vitlök, purjolök och lök skuren i små bitar i samma olja. Tillsätt sedan den rivna tomaten. Fräs tills tomaten tappar vattnet. Lägg tillbaka kycklingen.

Fräs svampen separat och lägg även till dem i grytan. Bada med glaset vin och låt det reducera.

Fukta med buljongen och tillsätt de aromatiska örterna. Koka tills kycklingen är mör. Rätta till salt.

LURA

Denna maträtt kan också göras med kalkon och till och med kanin.

Kycklingvingar i COCA COLA-STIL

INGREDIENSER

1 kg kycklingvingar

½ liter Coca-Cola

4 matskedar farinsocker

2 matskedar sojasås

1 jämn matsked oregano

½ citron

Salt och peppar

UTVECKLING

Häll Coca-Cola, socker, soja, oregano och saft av ½ citron i en kastrull och koka i 2 min.

Skär vingarna på mitten och krydda dem. Grädda dem i 160 ºC tills de fått lite färg. Tillsätt sedan hälften av såsen och vänd vingarna. Vänd dem var 20:e minut.

När såsen nästan är reducerad, tillsätt den andra hälften och fortsätt rosta tills såsen är tjock.

LURA

Att lägga till en vaniljkvist medan du gör såsen förstärker smaken och ger den en distinkt touch.

VITLÖKSKYCKLING

INGREDIENSER

1 hackad kyckling

8 vitlöksklyftor

1 glas vitt vin

1 matsked mjöl

1 cayennepepp

Vinäger

Olivolja

Salt och peppar

UTVECKLING

Krydda kycklingen och bryn den väl. Reservera och låt oljan härda.

Hacka vitlöksklyftorna i tärningar och confitera (koka i olja, stek inte) vitlök och cayennepeppar utan att det får färg.

Bada med vinet och låt det reducera tills det har en viss tjocklek, men inte är torrt.

Tillsätt sedan kycklingen och lite i taget teskeden mjöl ovanpå. Rör om (kolla om vitlöken fastnar på kycklingen; om inte, tillsätt lite mer mjöl tills det fastnar något).

Täck över och rör om då och då. Koka i 20 minuter på låg värme. Avsluta med en skvätt vinäger och koka i 1 minut till.

LURA

Kycklingröran är viktig. Den måste vara över väldigt hög värme så att den håller sig gyllene på utsidan och saftig på insidan.

KYCKLING AL CHILINDRON

INGREDIENSER

1 liten hackad kyckling

350 g hackad Serranoskinka

1 burk 800 g krossad tomat

1 stor röd paprika

1 stor grön paprika

1 stor lök

2 vitlöksklyftor

Timjan

1 glas vitt eller rött vin

Socker

Olivolja

Salt och peppar

UTVECKLING

Krydda kycklingen och stek på hög värme. Ta ut och reservera.

I samma olja, stek paprikan, vitlöken och löken skuren i medelstora bitar. När grönsakerna är väl brynta, tillsätt skinkan och stek i ytterligare 10 minuter.

Lägg tillbaka kycklingen och bada med vinet. Låt det reducera på hög värme i 5 minuter och tillsätt tomat och timjan. Sänk värmen och koka i ytterligare 30 min. Rätta till salt och socker.

LURA

Samma recept kan göras med köttbullar. Det blir inget kvar på tallriken!

PILADE KVÄLLER OCH RÖDA FRUKTER

INGREDIENSER

4 vaktlar

150 g röda frukter

1 glas vinäger

2 glas vitt vin

1 morot

1 purjolök

1 vitlöksklyfta

1 lagerblad

Mjöl

1 glas olja

Salt och pepparkorn

UTVECKLING

Mjöla, krydda och bryn vaktlarna i en kastrull. Ta ut och reservera.

Fräs morot och purjolök skuren i stavar i samma olja och den skivade vitlöken. När grönsakerna är mjuka, tillsätt olja, vinäger och vin.

Tillsätt lagerblad och peppar. Smaka av med salt och koka i 10 min tillsammans med de röda frukterna.

Tillsätt vaktlarna och pochera ytterligare 10 minuter tills de är mjuka. Låt stå övertäckt från värmen.

LURA

Den här marinaden tillsammans med vaktelköttet är en underbar dressing och tillbehör till en god salladssallad.

CITRONKYCKLING

INGREDIENSER

1 kyckling

30 g socker

25 g smör

1 liter kycklingbuljong

1dl vitt vin

Saft av 3 citroner

1 lök

1 purjolök

Olivolja

Salt och peppar

UTVECKLING

Hacka och krydda kycklingen. Bryn på hög värme och ta bort.

Skala löken och rensa purjolöken och skär dem i julienne strimlor. Fräs grönsakerna i samma olja där kycklingen har gjorts. Bada med vinet och låt det reducera.

Tillsätt saften av citronerna, sockret och buljongen. Koka i 5 min och lägg tillbaka kycklingen. Koka på låg värme i ytterligare 30 min. Rätta till salt och peppar.

LURA

För att såsen ska bli finare och utan grönsaksbitar är det bättre att krossa den.

SAN JACOBO KYCKLING MED SERRANO SKINKA, TORTA DEL CASAR OCH ARUCULA

INGREDIENSER

8 tunna kycklingfiléer

150 g bröllopstårta

100 g raket

4 skivor serranoskinka

Mjöl, ägg och spannmål (för beläggning)

Olivolja

Salt och peppar

UTVECKLING

Krydda kycklingfiléerna och fördela dem med osten. Lägg ruccola och serranoskinka på en av dem och lägg en till ovanpå för att stänga den. Gör likadant med resten.

Passera dem genom mjöl, uppvispat ägg och krossade flingor. Stek i rikligt med het olja i 3 min.

LURA

Den kan beläggas med krossade popcorn, med kikos och även med små maskar. Resultatet är väldigt roligt.

BAKAD KYCKLINGCURRY

INGREDIENSER

4 kycklingrumpor (per person)

1 liter grädde

1 gräslök eller lök

2 matskedar curry

4 naturliga yoghurtar

Salt

UTVECKLING

Skär löken i små bitar och blanda den i en skål med yoghurt, grädde och curry. Krydda med salt.

Gör några snitt i kycklingen och marinera den i yoghurtsåsen i 24 timmar.

Rosta i 180 ºC i 90 min, ta bort kycklingen och servera med den vispade såsen.

LURA

Blir det överbliven sås kan den användas för att göra läckra köttbullar.

KYCKLING I RÖTT VIN

INGREDIENSER

1 hackad kyckling

½ liter rött vin

1 kvist rosmarin

1 kvist timjan

2 vitlöksklyftor

2 purjolök

1 röd paprika

1 morot

1 lök

Kycklingsoppa

Mjöl

Olivolja

Salt och peppar

UTVECKLING

Krydda och bryn kycklingen i en mycket varm gryta. Ta ut och reservera.

Skär grönsakerna i små bitar och stek dem i samma olja där kycklingen stektes.

Bada med vinet, tillsätt de aromatiska örterna och koka i cirka 10 minuter på hög värme tills det reducerats. Blanda in kycklingen igen och blöt med buljong tills den är täckt. Koka i ytterligare 20 minuter eller tills köttet är mört.

LURA

Vill du ha en finare sås utan bitar, blanda och sila såsen.

ROSTAD KYCKLING MED SVART ÖL

INGREDIENSER

4 kycklingrumpor

750ml stout

1 matsked spiskummin

1 kvist timjan

1 kvist rosmarin

2 lökar

3 vitlöksklyftor

1 morot

Salt och peppar

UTVECKLING

Skär lök, morötter och vitlök i julienne strimlor. Lägg timjan och rosmarin på botten av en plåt och lägg löken, morötterna och vitlöken ovanpå; och sedan de med skinnsidan nedåtvända kycklingfröerna kryddade och beströdda med spiskummin. Rosta i 175 ºC i ca 45 min.

Fukta med ölen efter 30 min, vänd på bakstyckena och grädda ytterligare 45 min. När kycklingen är stekt, ta bort från plåten och blanda såsen.

LURA

Om 2 skivade äpplen läggs i mitten av steken och mosas tillsammans med resten av såsen blir smaken ännu bättre.

CHOKLADSÄP

INGREDIENSER

4 rapphöns

½ l kycklingbuljong

½ glas rött vin

1 kvist rosmarin

1 kvist timjan

1 vårlök

1 morot

1 vitlöksklyfta

1 riven tomat

Choklad

Olivolja

Salt och peppar

UTVECKLING

Krydda och bryn rapphönsen. Boka.

Fräs den finhackade moroten, vitlöken och vårlöken i samma olja på medelvärme. Höj värmen och tillsätt tomaten. Koka tills du tappar vattnet. Bada med vinet och låt det reducera nästan helt.

Tillsätt buljongen och tillsätt örterna. Koka på svag värme tills rapphönsen är mjuka. Rätta till salt. Ta av från värmen och tillsätt choklad efter smak. Avlägsna.

LURA

För att ge rätten en kryddig touch kan du lägga till en cayennepeppar, och vill du att den ska bli krispig tillsätter du rostade hasselnötter eller mandel.

ROSTADE KALKON KVARTER MED RÖD FRUKTSÅS

INGREDIENSER

4 kalkonrumpor

250 g röda frukter

½ l cava

1 kvist timjan

1 kvist rosmarin

3 vitlöksklyftor

2 purjolök

1 morot

Olivolja

Salt och peppar

UTVECKLING

Rensa och julienne skär purjolök, morötter och vitlök. Lägg denna grönsak på en bakplåt tillsammans med timjan, rosmarin och röda frukter.

Lägg kalkonkvartarna ovanpå, kryddat med en klick olja och skinnsidan nedåt. Rosta vid 175 ºC i 1 timme.

Bada med cava efter 30 min. Vänd köttet och grilla ytterligare 45 min. När tiden har gått, ta bort från facket. Mal, sila och korrigera saltet av såsen.

LURA

Kalkonen blir färdig när låret och låret lätt lossnar.

ROSTAD KYCKLING MED PERSIKKSÅS

INGREDIENSER

4 kycklingrumpor

½ liter vitt vin

1 kvist timjan

1 kvist rosmarin

3 vitlöksklyftor

2 persikor

2 lökar

1 morot

Olivolja

Salt och peppar

UTVECKLING

Skär lök, morötter och vitlök i julienne strimlor. Skala persikorna, skär dem i två delar och ta bort stenen.

Lägg timjan och rosmarin tillsammans med moroten, löken och vitlöken i botten på en bakplåt. Lägg de pepprade skinkorna ovanpå med en klick olja med skinnsidan nedåt och rosta i 175ºC i cirka 45 min.

Efter 30 min, bada med det vita vinet, vänd dem och rosta i ytterligare 45 min. När kycklingen är stekt, ta bort från plåten och blanda såsen.

LURA

Äpplen eller päron kan läggas till steken. Såsen kommer att smaka bra.

KYCKLINGFILE SPPAD MED SPENAT OCH MOZZARELLA

INGREDIENSER

8 tunna kycklingfiléer

200 g färsk spenat

150 g mozzarella

8 basilikablad

1 tsk malen spiskummin

Mjöl, ägg och ströbröd (för överdrag)

Olivolja

Salt och peppar

UTVECKLING

Krydda brösten på båda sidor. Lägg spenaten ovanpå, osten bruten i bitar och den hackade basilikan och täck med en annan filé. Passera genom mjöl, uppvispat ägg och en blandning av ströbröd och spiskummin.

Stek ett par minuter på varje sida och ta bort överflödig olja på absorberande papper.

LURA

Det perfekta tillbehöret är en god tomatsås. Den här rätten kan göras med kalkon och även med färsk filé.

ROSTAD KYCKLING I CAVA

INGREDIENSER

4 kycklingrumpor

1 flaska champagne

1 kvist timjan

1 kvist rosmarin

3 vitlöksklyftor

2 lökar

Olivolja

Salt och peppar

UTVECKLING

Skär löken och vitlöken i juliana. Lägg timjan och rosmarin på botten av ett bakplåtspapper och lägg löken och vitlöken ovanpå och sedan den pepprade löken med skinnsidan nedåt. Rosta i 175 ºC i ca 45 min.

Bada med cava efter 30 minuter, vänd på baken och grädda i ytterligare 45 minuter. När kycklingen är stekt, ta bort från plåten och blanda såsen.

LURA

En annan variabel i samma recept är att göra det med lambrusco eller sött vin.

KYCKLINGSPYTT MED JORDNÖTSSÅS

INGREDIENSER

600 g kycklingbröst

150 g jordnötter

500 ml kycklingbuljong

200 ml grädde

3 matskedar sojasås

3 matskedar honung

1 msk curry

1 cayenne mycket hackad

1 msk limejuice

Olivolja

Salt och peppar

UTVECKLING

Krossa jordnötterna mycket väl tills de blir en pasta. Blanda dem i en skål tillsammans med limesaft, buljong, soja, honung, curry, salt och peppar. Skär brösten i bitar och marinera dem i denna blandning över natten.

Ta ut kycklingen och lägg den på spett. Koka föregående blandning tillsammans med grädden på låg värme i 10 min.

Bryn spetten i en stekpanna på medelvärme och servera dem med såsen ovanpå.

LURA

De kan göras med kycklingfimpar. Men istället för att bryna dem i en panna, rosta dem i ugnen med såsen ovanpå.

KYCKLING I PEPITORIA

INGREDIENSER

1½ kg kyckling

250g lök

50 g rostade mandlar

25 g stekt bröd

½ l kycklingbuljong

¼ l fint vin

2 vitlöksklyftor

2 lagerblad

2 hårdkokta ägg

1 matsked mjöl

14 trådar saffran

150 g olivolja

Salt och peppar

UTVECKLING

Hacka och krydda kycklingen skuren i bitar. Guld och reserv.

Skär löken och vitlöken i små bitar, och stek dem i samma olja där kycklingen gjordes. Tillsätt mjölet och koka på svag värme i 5 min. Bada med vinet och låt det reducera.

Tillsätt buljongen så att den får salt och koka i ytterligare 15 minuter. Tillsätt sedan den reserverade kycklingen tillsammans med lagerbladen och koka tills kycklingen är mör.

Rosta saffran separat och tillsätt det i morteln tillsammans med det stekta brödet, mandeln och äggulorna. Slå tills du får en pasta och lägg i kycklinggrytan. Koka ytterligare 5 min.

LURA

Det finns inget bättre tillbehör till detta recept än en god rispilaff. Den kan presenteras med den hackade äggvitan och lite finskuren persilja ovanpå.

APELSINKYCKLING

INGREDIENSER

1 kyckling

25 g smör

1 liter kycklingbuljong

1 dl rosévin

2 matskedar honung

1 kvist timjan

2 morötter

2 apelsiner

2 purjolök

Olivolja

Salt och peppar

UTVECKLING

Krydda och bryn den hackade kycklingen på hög värme i olivolja. Dra tillbaka och reservera.

Skala och rensa morötter och purjolök och skär dem i julienne-remsor. Fräs i samma olja där kycklingen har fått bryna. Bada med vinet och koka på hög värme tills det reducerats.

Tillsätt apelsinjuice, honung och buljong. Koka i 5 min och lägg i kycklingbitarna igen. Koka på låg värme i 30 min. Tillsätt det kalla smöret och smaka av med salt och peppar.

LURA

Du kan hoppa över en god näve nötter och lägga till dem i grytan i slutet av tillagningen.

STUVADE KYCKLING MED BOLETUS

INGREDIENSER

1 kyckling

200 g serranoskinka

200 g boletus

50 g smör

600 ml kycklingbuljong

1 glas vitt vin

1 kvist timjan

1 vitlöksklyfta

1 morot

1 lök

1 tomat

Olivolja

Salt och peppar

UTVECKLING

Hacka, krydda och bryn kycklingen i smör och en klick olja. Dra tillbaka och reservera.

I samma fett steker du lök, morot och vitlök skuren i små bitar tillsammans med den tärnade skinkan. Höj värmen och tillsätt den hackade boletusen. Koka i 2 min, tillsätt den rivna tomaten och koka tills den tappar allt vatten.

Lägg i kycklingbitarna igen och bada med vinet. Reducera tills såsen nästan är torr. Fukta med buljongen och tillsätt timjan. Sjud i 25 minuter eller tills kycklingen är mjuk. Rätta till salt.

LURA

Använd säsongsbetonade svampar eller uttorkade.

STRÅD KYCKLING MED NÖTTER OCH SOJA

INGREDIENSER

3 kycklingbröst

70 g russin

30 g mandel

30 g cashewnötter

30 g valnötter

30 g hasselnötter

1 glas kycklingbuljong

3 matskedar sojasås

2 vitlöksklyftor

1 cayennepepp

1 citron

Ingefära

Olivolja

Salt och peppar

UTVECKLING

Hacka brösten, krydda dem och bryn dem i en stekpanna på hög värme. Dra tillbaka och reservera.

I den oljan fräs nötterna tillsammans med riven vitlök, en bit riven ingefära, cayennepeppar och citronskal.

Tillsätt russinen, de reserverade brösten och sojabönorna. Reducera i 1 min och bada med buljongen. Koka i ytterligare 6 minuter på medelvärme och smaka av med salt om det behövs.

LURA

Det kommer praktiskt taget inte att vara nödvändigt att använda salt eftersom det nästan uteslutande tillhandahålls av sojabönor.

CHOKLADKYCKLING MED ROSTADE ALMEDRAS

INGREDIENSER

1 kyckling

60 g riven mörk choklad

1 glas rött vin

1 kvist timjan

1 kvist rosmarin

1 lagerblad

2 morötter

2 vitlöksklyftor

1 lök

Kycklingbuljong (eller vatten)

Rostade mandlar

Extra virgin olivolja

Salt och peppar

UTVECKLING

Hacka, krydda och bryn kycklingen i en väldigt het gryta. Dra tillbaka och reservera.

I samma olja, stek löken, morötterna och vitlöksklyftorna skurna i små bitar på låg värme.

Tillsätt lagerbladet och kvistarna av timjan och rosmarin. Häll i vin och buljong och koka på svag värme i 40 min. Rätta till saltet och ta bort kycklingen.

Passera såsen genom en mixer och lägg tillbaka den i grytan. Tillsätt kyckling och choklad och rör tills chokladen löst sig. Koka i 5 minuter till för att blanda smakerna.

LURA

Avsluta med rostad mandel ovanpå. Om du lägger till en cayenne eller chili ger det en kryddig touch.

LAMMERSPYTT MED PAPRIKA OCH SENAPSVINAIGRETT

INGREDIENSER

350 g lamm

2 matskedar vinäger

1 jämn matsked paprika

1 jämn matsked senap

1 jämn matsked socker

1 bricka körsbärstomater

1 grön paprika

1 röd paprika

1 liten vårlök

1 lök

5 matskedar olivolja

Salt och peppar

UTVECKLING

Rensa och skär grönsakerna, förutom vårlöken, i medelstora rutor. Skär lammet i tärningar av samma storlek. Sätt ihop spetten, sätt i en köttbit och en grönsaksbit. Säsong. Bryn dem i en väldigt het stekpanna med lite olja i 1 eller 2 minuter på varje sida.

Blanda separat senap, paprika, socker, olja, vinäger och gräslök skuren i små bitar i en skål. Smaka av med salt och emulgera.

Servera de nygjorda spetten med lite paprikasås.

LURA

Du kan även lägga till 1 msk curry och lite citronskal till vinägretten.

FYLLD KALVFÄNOR MED PORT

INGREDIENSER

1 kg kalvfena (öppna i boken för att fylla)

350 g fläskfärs

1 kg morötter

1 kg lök

100 g pinjenötter

1 liten burk piquillopeppar

1 burk svarta oliver

1 paket bacon

1 huvud vitlök

2 lagerblad

portvin

Köttbuljong

Olivolja

Salt och pepparkorn

UTVECKLING

Krydda fenan på båda sidor. Fyll med fläsket, pinjenötterna, den hackade paprikan, oliverna skurna i fjärdedelar och baconet skuret i strimlor. Rulla ihop och lägg i ett nät eller knyt med trässtråd. Bryn på mycket hög värme, ta bort och reservera.

Skär morötter, lök och vitlök i brunoise och bryn dem i samma olja som kalvköttet stektes i. Sätt tillbaka fenan. Bada med en skvätt portvin och köttbuljong tills allt är täckt. Tillsätt 8 pepparkorn och lagerbladen. Koka under lock på låg värme i 40 min. Vänd var 10:e min. När köttet är mjukt, ta bort och blanda såsen.

LURA

Porten kan ersättas med vilket annat vin eller champagne som helst.

KÖTTBULLAR TILL MADRILEÑA

INGREDIENSER

1 kg nötfärs

500 g fläskfärs

500 g mogna tomater

150 g lök

100 g svamp

1 l köttbuljong (eller vatten)

2 dl vitt vin

2 msk färsk persilja

2 msk ströbröd

1 matsked mjöl

3 vitlöksklyftor

2 morötter

1 lagerblad

1 ägg

Socker

Olivolja

Salt och peppar

UTVECKLING

Blanda de två köttbitarna med den hackade persiljan, 2 tärnade vitlöksklyftor, ströbrödet, ägget, salt och peppar. Gör bollar och bryn dem i en gryta. Ta ut och reservera.

I samma olja, fräs löken med den andra vitlöken, tillsätt mjölet och fräs. Tillsätt tomaterna och pochera ytterligare 5 min. Bada med vinet och koka i ytterligare 10 minuter. Tillsätt buljongen och fortsätt koka i ytterligare 5 min. Krossa och korrigera salt och socker. Koka köttbullarna i såsen i 10 minuter tillsammans med lagerbladet.

Rengör, skala och tärna morötter och champinjoner separat. Fräs dem med lite olja i 2 min och lägg dem i köttbullargrytan.

LURA

För att göra köttbulleblandningen godare, tillsätt 150 g hackat färskt iberiskt bacon. Det är bäst att inte trycka för mycket när man gör bollarna så att de blir mer saftiga.

BÖTTKINDER MED CHOKLAD

INGREDIENSER

8 biff kinder

½ liter rött vin

6 uns choklad

2 vitlöksklyftor

2 tomater

2 purjolök

1 stjälk selleri

1 morot

1 lök

1 kvist rosmarin

1 kvist timjan

Mjöl

Köttbuljong (eller vatten)

Olivolja

Salt och peppar

UTVECKLING

Krydda och bryn kinderna i en väldigt het gryta. Ta ut och reservera.

Skär grönsakerna i brunoise och fräs dem i samma gryta där kinderna stektes.

När grönsakerna är mjuka, tillsätt de rivna tomaterna och koka tills allt vatten är förlorat. Tillsätt vinet, de aromatiska örterna och låt det reducera i 5 min. Tillsätt kinderna och köttbuljongen tills de är täckta.

Koka tills kinderna är väldigt mjuka, tillsätt choklad efter smak, rör om och smaka av med salt och peppar.

LURA

Såsen kan strimlas eller lämnas med hela grönsaksbitarna.

PAJ AV GRISCONFIT MED SÖT VINSÅS

INGREDIENSER

½ hackad spädgris

1 glas sött vin

2 kvistar rosmarin

2 timjankvistar

4 vitlöksklyftor

1 liten morot

1 liten lök

1 tomat

mild olivolja

grovt salt

UTVECKLING

Fördela spädgrisen på en bricka och salta på båda sidor. Tillsätt pressad vitlök och aromaterna. Täck med olja och rosta vid 100 ºC i 5 timmar. Låt den sedan bli varm och urben, ta bort kött och skinn.

Lägg bakplåtspapper på en bakplåt. Dela spädgrisköttet och lägg spädgrisens skinn ovanpå (det måste vara minst 2 fingrar högt). Lägg ett till bakplåtspapper och förvara i kylen med lite vikt ovanpå.

Gör under tiden en mörk buljong. Skär benen och grönsakerna i medelstora bitar. Rosta benen i 185 ºC i 35 minuter, lägg i grönsakerna på sidorna och rosta i ytterligare 25 minuter. Ta ut ur ugnen och bada med vinet. Lägg allt i en kastrull och täck med kallt vatten. Koka i 2 timmar på mycket låg värme. Sila och återgå till värmen tills det tjocknat något. Avfetta.

Skär kakan i portionsbitar och bryn i en het panna på skinnsidan tills den är knaprig. Grädda 3 min i 180ºC.

LURA

Det är en mer mödosam rätt än svår, men resultatet är spektakulärt. Enda knepet för att det inte ska bli förstört på slutet är att servera såsen vid sidan av köttet och inte ovanpå.

KANIN TILL MARC

INGREDIENSER

1 kanin hackad

80 g mandlar

1 liter kycklingbuljong

400 ml pressrester

200 ml grädde

1 kvist rosmarin

1 kvist timjan

2 lökar

2 vitlöksklyftor

1 morot

10 saffranstrådar

Salt och peppar

UTVECKLING

Hacka, krydda och bryn kaninen. Dra tillbaka och reservera.

Fräs morot, lök och vitlök skuren i små bitar i samma olja. Tillsätt saffran och mandel och koka i 1 min.

Höj värmen och bada med pressrester. flamberad Tillsätt kaninen igen och blöt med buljongen. Tillsätt timjan och rosmarinkvistarna.

Koka i ca 30 minuter tills kaninen är mjuk och tillsätt grädden. Koka i ytterligare 5 minuter och smaka av med salt.

LURA

Att flambera är att bränna spritsprit. När du gör det måste du vara noga med att ha fläktkåpan avstängd.

KÖTTBULLAR I PEPITORIA HASSELNÖTSSÅS

INGREDIENSER

750 g nötfärs

750 g fläskfärs

250g lök

60 g hasselnötter

25 g stekt bröd

½ l kycklingbuljong

¼ liter vitt vin

10 saffranstrådar

2 msk färsk persilja

2 msk ströbröd

4 vitlöksklyftor

2 hårdkokta ägg

1 färskt ägg

2 lagerblad

150 g olivolja

Salt och peppar

UTVECKLING

Blanda köttet, den hackade persiljan, den hackade vitlöken, ströbrödet, ägget, salt och peppar i en skål. Mjöl och bryn i en kastrull på medelhög värme. Dra tillbaka och reservera.

I samma olja, fräs löken och de andra 2 vitlöksklyftorna skurna i små tärningar på låg värme. Bada med vinet och låt det reducera. Tillsätt buljongen och koka i 15 min. Tillsätt köttbullarna i såsen tillsammans med lagerbladen och koka i ytterligare 15 minuter.

Rosta saffran separat och krossa det i en mortel tillsammans med det stekta brödet, hasselnötterna och äggulorna tills du får en homogen pasta. Lägg i grytan och koka i ytterligare 5 min.

LURA

Servera med den hackade äggvitan ovanpå och lite persilja.

KALVKÖTT SCALOPINER MED SVART ÖL

INGREDIENSER

4 biffar

125 g shiitakesvamp

1/3 liter mörk öl

1 dl köttbuljong

1dl grädde

1 morot

1 vårlök

1 tomat

1 kvist timjan

1 kvist rosmarin

Mjöl

Olivolja

Salt och peppar

UTVECKLING

Krydda och mjöla filéerna. Bryn dem lätt i en panna med lite olja. Ta ut och reservera.

Fräs den tärnade vårlöken och moroten i samma olja. När de är pocherade, tillsätt den rivna tomaten och koka tills såsen nästan är torr.

Bada med ölen, låt alkoholen avdunsta i 5 min på medelvärme och tillsätt buljong, örter och filéer. Koka 15 min eller tills de är mjuka.

Fräs de filéade svamparna separat på hög värme och lägg dem i grytan. Rätta till salt.

LURA

Filéerna ska inte vara överstekta, annars blir de väldigt sega.

TRIPES A LA MADRILEÑA

INGREDIENSER

1 kg ren mage

2 gristravare

25 g mjöl

1dl vinäger

2 matskedar paprika

2 lagerblad

2 lökar (1 av dem spetsad)

1 huvud vitlök

1 chili

2 dl olivolja

20g salt

UTVECKLING

Blanchera magen och grisen i en gryta med kallt vatten. Koka i 5 min när det har börjat koka.

Töm och ersätt med rent vatten. Tillsätt den spetsade löken, chilin, vitlökshuvudet och lagerbladen. Tillsätt mer vatten om det behövs så att det är väl täckt och koka på låg värme och täckt i 4 timmar eller tills travarna och magen är mjuka.

När magen är klar tar du bort den spetsade löken, lagerbladet och chilin. Ta också bort travarna, bena ut dem och skär dem i bitar som liknar storleken på magen. Lägg tillbaka den i grytan.

Stek den andra löken skuren i brunoise separat, tillsätt paprikan och 1 msk mjöl. När den har pocherats, lägg till grytan. Koka i 5 min, smaka av med salt och tjockna vid behov.

LURA

Detta recept vinner i smak om det tillagas en dag eller två i förväg. Du kan också lägga till några kokta kikärter och få en tallrik med förstklassiga baljväxter.

ROSTAD FISKLICK MED ÄPPEL OCH MYNTA

INGREDIENSER

800 g färsk sidfläsk

500 g äpplen

60 g socker

1 glas vitt vin

1 glas konjak

10 myntablad

1 lagerblad

1 stor lök

1 morot

Olivolja

Salt och peppar

UTVECKLING

Krydda länden med salt och peppar och bryn den på hög värme. Dra tillbaka och reservera.

Fräs i den oljan den rena och finhackade löken och moroten. Skala och kärna ur äpplena.

Överför allt till en bakplåt, bada med alkohol och tillsätt lagerbladet. Grädda i 185ºC i 90 min.

Ta bort äpplena och grönsakerna och blanda dem med socker och mynta. Filéa rygg och sås med bakjuicerna och följ med äppelkompotten.

LURA

Tillsätt lite vatten på plåten under gräddningen för att förhindra att länden blir torr.

KYCKLINGKÖTTBULLAR MED HALLONSÅS

INGREDIENSER

Till köttbullarna

1 kg malet kycklingkött

1dl mjölk

2 msk ströbröd

2 ägg

1 vitlöksklyfta

sherryvin

Mjöl

Hackad persilja

Olivolja

Salt och peppar

Till hallonsåsen

200 g hallonsylt

½ l kycklingbuljong

1½ dl vitt vin

½ dl sojasås

1 tomat

2 morötter

1 vitlöksklyfta

1 lök

Salt

UTVECKLING

Till köttbullarna

Blanda köttet med ströbröd, mjölk, ägg, den finhackade vitlöksklyftan, persilja och en skvätt vin. Krydda med salt och peppar och låt vila i 15 min.

Forma små bollar med blandningen och passera dem genom mjöl. Bryn i olja och försöker lämna något rått inuti. Reservera oljan.

Till den sötsyrliga hallonsåsen

Skala och hacka lök, vitlök och morötter i små tärningar. Fräs i samma olja där köttbullarna har fått bryna. Krydda med en nypa salt. Tillsätt den hackade tomaten utan skal eller frön och pochera tills vattnet avdunstar.

Bada med vinet och koka tills det reducerats till hälften. Tillsätt sojasåsen och buljongen och koka i ytterligare 20 minuter tills såsen är tjock. Tillsätt sylten och köttbullarna och koka ihop allt i ytterligare 10 min.

LURA

Hallonsylten kan ersättas med en annan av vilken röd frukt som helst och till och med med sylt.

LAMM GRYTA

INGREDIENSER

1 lammlår

1 stort glas rött vin

½ kopp krossad tomat (eller 2 rivna tomater)

1 msk söt paprika

2 stora potatisar

1 grön paprika

1 röd paprika

1 lök

Köttbuljong (eller vatten)

Olivolja

Salt och peppar

UTVECKLING

Hacka, krydda och bryn benet i en väldigt het gryta. Ta ut och reservera.

Stek tärnad paprika och lök i samma olja. När grönsakerna är väl sauterade, tillsätt matskeden paprika och tomaten. Fortsätt koka på hög värme tills tomaten tappar vattnet. Tillsätt sedan lammet igen.

Bada med vinet och låt det reducera. Täck med köttbuljongen.

Tillsätt cacheladapotatisen (ej skuren) när lammet är mört och koka tills potatisen är klar. Rätta till salt och peppar.

LURA

För en ännu godare sås, stek 4 piquillopeppar och 1 vitlöksklyfta separat. Blanda ihop med lite buljong från grytan och lägg i grytan.

HARE CIVET

INGREDIENSER

1 hare

250 g svamp

250 g morötter

250g lök

100 g bacon

¼ liter rött vin

3 matskedar tomatsås

2 vitlöksklyftor

2 timjankvistar

2 lagerblad

Köttbuljong (eller vatten)

Olivolja

Salt och peppar

UTVECKLING

Skär haren och marinera den i 24 timmar i morötter, vitlök och lök skuren i små bitar, vin, 1 kvist timjan och 1 lagerblad. När tiden har gått, sila och reservera vinet å ena sidan och grönsakerna å andra sidan.

Krydda haren med salt och peppar, bryn den på hög värme och ta bort. Fräs grönsakerna på medelhög värme i samma olja. Tillsätt tomatsåsen och fräs i 3 min. Sätt tillbaka haren. Bada med vin och buljong tills köttet är täckt.

Tillsätt den andra timjankvisten och det andra lagerbladet. Koka tills haren är mjuk.

Under tiden fräs det strimlade baconet och champinjonerna i fjärdedelar och lägg i grytan. Krossa harens lever separat i en mortel och tillsätt den också. Koka i ytterligare 10 min och smaka av med salt och peppar.

LURA

Den här rätten kan göras med vilket vilt som helst och den blir godare om den görs dagen innan.

KANIN MED PIPERRADA

INGREDIENSER

1 kanin

2 stora tomater

2 lökar

1 grön paprika

1 vitlöksklyfta

Socker

Olivolja

Salt och peppar

UTVECKLING

Hacka, krydda och bryn kaninen i en het gryta. Dra tillbaka och reservera.

Skär lök, paprika och vitlök i små bitar och stek dem på låg värme i 15 minuter i samma olja som kaninen gjordes.

Tillsätt tomaterna skurna i brunoise och koka på medelvärme tills de tappar allt vatten. Rätta till salt och socker vid behov.

Tillsätt kaninen, sänk värmen och koka i 15 eller 20 minuter med grytan täckt, rör om då och då.

LURA

Zucchini eller aubergine kan läggas till piperrada.

KYCKLINGKÖTTBULLAR SPPDADE MED OST MED CURRRYSÅS

INGREDIENSER

500 g kycklingfärs

150 g ost skuren i tärningar

100 g ströbröd

200 ml grädde

1 glas kycklingbuljong

2 msk curry

½ msk ströbröd

30 russin

1 grön paprika

1 morot

1 lök

1 ägg

1 citron

Mjölk

Mjöl

Olivolja

Salt

UTVECKLING

Krydda kycklingen och blanda med ströbrödet, ägget, 1 msk curry och ströbrödet indränkt i mjölk. Forma bollar, fyll med en tärning ost och passera genom mjöl. Stek och reservera.

Bryn löken, paprikan och moroten skuren i små bitar i samma olja. Tillsätt citronskalet och koka några minuter. Tillsätt den andra matskeden curry, russin och kycklingbuljong. Tillsätt grädden när det börjar koka och koka i 20 min. Rätta till salt.

LURA

Ett perfekt tillbehör till dessa köttbullar är champinjoner skurna i kvartar och sauterade med ett par vitlöksklyftor skuren i små bitar och sköljd ner med en rejäl skvätt Porto eller Pedro Ximénez-vin.

FLÄSKINDER I RÖTT VIN

INGREDIENSER

12 fläskkinder

½ liter rött vin

2 vitlöksklyftor

2 purjolök

1 röd paprika

1 morot

1 lök

Mjöl

Köttbuljong (eller vatten)

Olivolja

Salt och peppar

UTVECKLING

Krydda och bryn kinderna i en väldigt het gryta. Ta ut och reservera.

Skär grönsakerna i bronoise och stek dem i samma olja som fläsket stektes i. När de är väl pocherade, tillsätt vinet och låt det reducera i 5 min. Tillsätt kinderna och köttbuljongen tills de är täckta.

Koka tills kinderna är väldigt mjuka och blanda såsen om du vill att inga grönsaksbitar ska vara kvar.

LURA

Fläskkinder tar mycket kortare tid att göra än nötköttskinder. En annan smak uppnås om i slutet ett uns choklad läggs till såsen.

FLÄSKSILKE NAVARRE

INGREDIENSER

2 hackade lammlår

50 g ister

1 tsk paprika

1 matsked vinäger

2 vitlöksklyftor

1 lök

Olivolja

Salt och peppar

UTVECKLING

Skär lammläggen i bitar. Salta och peppra och bryn på hög värme i en kastrull. Ta ut och reservera.

Fräs den finhackade löken och vitlöken i samma olja i 8 min på låg värme. Tillsätt paprikan och fräs i ytterligare 5 sekunder. Tillsätt lammet och täck med vatten.

Koka tills såsen är reducerad och köttet är mört. Fukta med vinäger och låt koka upp.

LURA

Den första bryningen är viktig eftersom den förhindrar att safterna rinner ut. Dessutom ger den en krispig touch och förhöjer smakerna.

GRUTAT NÖTKÖT MED JORDNÖTSSÅS

INGREDIENSER

750 g blodpuddingkött

250 g jordnötter

2 l köttbuljong

1 glas grädde

½ glas konjak

2 matskedar tomatsås

1 kvist timjan

1 kvist rosmarin

4 potatisar

2 morötter

1 lök

1 vitlöksklyfta

Olivolja

Salt och peppar

UTVECKLING

Hacka, krydda och bryn blodpuddingen på hög värme. Ta ut och reservera.

Fräs lök, vitlök och morötter skurna i små tärningar på låg värme i samma olja. Öka värmen och tillsätt tomatsåsen. Låt det reducera tills det tappar allt vatten. Vattna med konjaken och låt alkoholen avdunsta. Tillsätt köttet igen.

Mosa jordnötterna väl med buljongen och tillsätt den i grytan tillsammans med de aromatiska örterna. Koka på låg värme tills köttet är nästan mört. Tillsätt sedan potatisen, skalad och skuren i vanliga rutor, och grädden. Koka i 10 min och smaka av med salt och peppar. Låt den vila 15 min innan servering.

LURA

Denna kötträtt kan ackompanjeras av rispilaff (se avsnittet Ris och pasta).

Stekt GRIS

INGREDIENSER

1 spädgris

2 matskedar ister

Salt

UTVECKLING

Fodra öronen och svansen med aluminiumfolie så att de inte bränns.

Placera 2 träskedar på en bakplåt och lägg spädgrisen med framsidan uppåt, undvik att den vidrör behållarens botten. Tillsätt 2 matskedar vatten och grädda i 180ºC i 2 timmar.

Lös upp saltet i 4 dl vatten och måla in spädgrisen var 10:e min. Vänd efter en timme och fortsätt måla med vatten och salt tills tiden är ute.

Smält smöret och måla skinnet. Höj ugnen till 200ºC och rosta i ytterligare 30 minuter eller tills skinnet är gyllene och knaprigt.

LURA

Sås inte med saften ovanpå skinnet; det skulle få den att tappa kritan. Servera såsen i botten av rätten.

ROSTAD KNOG MED KÅL

INGREDIENSER

4 knogar

½ kål

3 vitlöksklyftor

Olivolja

Salt och peppar

UTVECKLING

Täck knogarna med kokande vatten och koka i 2 timmar eller tills de är helt mjuka.

Ta ur vattnet och grädda dem med en klick olja i 220ºC tills de är gyllenbruna. Säsong.

Skär kålen i tunna strimlor. Koka i rikligt med kokande vatten i 15 min. Dränera.

Bryn under tiden den skivade vitlöken i lite olja, tillsätt kålen och fräs. Krydda med salt och peppar och servera tillsammans med de rostade knogarna.

LURA

Knogarna kan också göras i en mycket het panna. Bryn dem väl på alla sidor.

KANIN CACCIATOR

INGREDIENSER

1 kanin

300 g svamp

2 glas kycklingbuljong

1 glas vitt vin

1 kvist färsk timjan

1 lagerblad

2 vitlöksklyftor

1 lök

1 tomat

Olivolja

Salt och peppar

UTVECKLING

Hacka, krydda och bryn kaninen på hög värme. Ta ut och reservera.

Fräs lök och vitlök skuren i små bitar på låg värme i samma olja i 5 min. Öka värmen och tillsätt den rivna tomaten. Koka tills det inte finns något vatten kvar.

Släng tillbaka kaninen och bada med vinet. Låt det reducera och såsen är nästan torr. Tillsätt buljongen och koka tillsammans med de aromatiska örterna i 25 minuter eller tills köttet är mört.

Fräs under tiden de rengjorda och skivade svamparna i en het panna i 2 min. Smaka av med salt och tillsätt dem i grytan. Koka i ytterligare 2 minuter och smaka av med salt om det behövs.

LURA

Samma recept kan göras med kyckling eller kalkonkött.

BÖTT ESCALOPE A LA MADRILEÑA

INGREDIENSER

4 biffar

1 msk färsk persilja

2 vitlöksklyftor

Mjöl, ägg och ströbröd (för överdrag)

Olivolja

Salt och peppar

UTVECKLING

Finhacka persiljan och vitlöken. Blanda dem i en skål och tillsätt ströbrödet. Avlägsna.

Krydda filéerna med salt och peppar och passera dem genom mjöl, uppvispat ägg och blandningen av ströbröd med vitlök och persilja.

Tryck till med händerna så att paneringen fastnar ordentligt och stek i rikligt med mycket het olja i 15 sekunder.

LURA

Krossa filéerna med en klubba så att fibrerna går sönder och köttet blir mörare.

TUVADE KANIN MED SVAMP

INGREDIENSER

1 kanin

250 g säsongsbetonade svampar

50 g ister

200 g bacon

45 g mandel

600 ml kycklingbuljong

1 glas sherryvin

1 morot

1 tomat

1 lök

1 vitlöksklyfta

1 kvist timjan

Salt och peppar

UTVECKLING

Hacka och krydda kaninen. Bryn den på hög värme i smöret tillsammans med baconet skuret i stavar. Ta ut och reservera.

I samma fett, fräs lök, morot och vitlök skuren i små bitar. Tillsätt den hackade svampen och koka i 2 min. Tillsätt den rivna tomaten och koka tills den tappar vattnet.

Tillsätt kaninen och baconet igen, och bada med vinet. Låt det reducera och såsen är nästan torr. Tillsätt buljongen och tillsätt timjan. Koka på låg värme i 25 minuter eller tills kaninen är mjuk. Avsluta med mandeln ovanpå och smaka av med salt.

LURA

Torkad shiitakesvamp kan användas. De tillför mycket smak och arom.

IBERISK FLÄSKRIVBOR MED VITT VIN OCH HONING

INGREDIENSER

1 iberiskt fläskrevben

1 glas vitt vin

2 matskedar honung

1 msk söt paprika

1 msk hackad rosmarin

1 msk hackad timjan

1 vitlöksklyfta

Olivolja

Salt och peppar

UTVECKLING

Lägg kryddorna, riven vitlök, honung och salt i en skål. Tillsätt ½ litet glas olja och rör om. Bred ut revbenet med denna blandning.

Rosta i 200 ºC i 30 min med köttsidan nedåt. Vänd, ringla över vin och grädda ytterligare 30 minuter eller tills revbenen är gyllene och mjuka.

LURA

För att smakerna ska genomsyra revbenen mer är det bättre att marinera köttet dagen innan.

www.ingramcontent.com/pod-product-compliance
Lightning Source LLC
Chambersburg PA
CBHW050351120526
44590CB00015B/1652